Sanrio LICENSE

KB238187

신나고~! 재밌고~!

GO고GO고

KUROMI 어린이 하농

그래서음악

쿠로미를 소개합니다!

쿠로미

생일 10월 31일 (할로윈)

미워할 수 없는 귀여운 악동 쿠로미는 자칭 마이멜로디의 라이벌로 검은색 두건과 핑크색 해골이 매력 포인트예요. 짓궂을 때도 있지만 사실은 소녀 감성을 지니고 있어요. 일기 쓰는 것과 연애소설을 읽는 것을 좋아한답니다! 좋아하는 색은 검은색이고 좋아하는 음식은 락교예요.

바쿠

생일 2월 29일

쿠로미의 부하. 쿠로미를 태워서 하늘을 날아다녀요. 인내심이 많고, 쿠로미가 괴롭혀도 화내지 않아요. 트로트와 가요를 좋아합니다.

Check! Check!

★ 연습한 곡을 예쁘게 색칠해 보세요.

1 월 일	2 월 일	3 월 일	4 월 일	5 월 일	6 월 일
7 월 일	8 월 일	9 월 일	10 월 일	11 월 일	12 월 일
13 월 일	14 월 일	15 월 일	16 월 일	17 월 일	18 월 일
19 월 일	20 월 일	21 월 일	22 월 일	23 월 일	24 월 일
25 월 일	26 월 일	27 월 일	28 월 일	29 월 일	30 월 일
31 월 일	32 월 일	33 월 일	34 월 일	35 월 일	36 월 일
				37 월 일	38 월 일

샤를 루이 하농

Charles-Louis Hanon(1819~1900)

프랑스의 음악가 샤를 루이 하농은 뛰어난 피아니스트이자 오르가니스트였고, 피아노 교사이자 동시에 작곡가였습니다. 하농은 학생들을 가르치며 얻은 풍부한 경험을 바탕으로 많은 피아노 교본을 만들었고, 그중 가장 잘 알려진 작품이 오늘날 〈하농 60〉으로 불리는 〈명피아니스트가 되는 60 연습곡〉입니다. 이 연습곡은 1873년에 출판되어 지금까지 전 세계에서 사용되고 있으며, 특히 1878년 프랑스 파리의 '세계박람회'에서 은메달을 수상하기도 했습니다.

GO GO!
쿠로미 어린이 하농

〈GOGO 쿠로미 어린이 하농〉은 손이 작은 어린이들을 위한 "2옥타브 하농 연습곡"입니다. 손가락의 힘을 강하게 해주어 정확한 타건을 도우며 각 손가락의 유연성과 민첩성, 양손의 독립성 등을 기를 수 있습니다.
〈하농 60〉의 제1부 그리고 음계와 아르페지오 연습을 엮어서 아이들이 연습하기 쉽게 8분음표를 기준으로 만들었습니다.

"하농"은 다섯 손가락 각각의 힘을 고르게 하는 훈련입니다. 또한 소나티나, 소곡, 피아노 명곡 등을 잘 치기 위한 손가락 스트레칭이라 할 수 있습니다. 때문에 하농 1~20번까지를 충분히 연습하여 점차 빠른 템포로 칠 수 있도록 연습하는 것이 중요합니다. 특히 콩쿠르에 들어가기 전에 이 2옥타브로 된 "어린이 하농"을 외워서 빠르게 칠 수 있으면 더욱 좋겠습니다.

제1부 다섯 손가락을 위한 연습

제1부(1~20번)는 다섯 손가락 각각의 힘을 고르게 하고 독립성과 유연성을 기르기 위한 연습입니다. 특히 상대적으로 힘이 약한 4, 5번 손가락의 힘을 기르기 위한 연습에 중점을 두고 있습니다. 각 연습마다 있는 [리듬 변주]도 함께 연습하면 더욱 효과적인 훈련이 됩니다.

제2부 음계와 아르페지오 연습

제2부(21~38번)는 연습은 조성의 기초를 튼튼하게 갖추기 위한, 중요한 테크닉 연습입니다. 각 조성의 음계(스케일)와 아르페지오를 익히고 외워서 연습함으로써 조성에 대한 이해를 높일 수 있습니다.

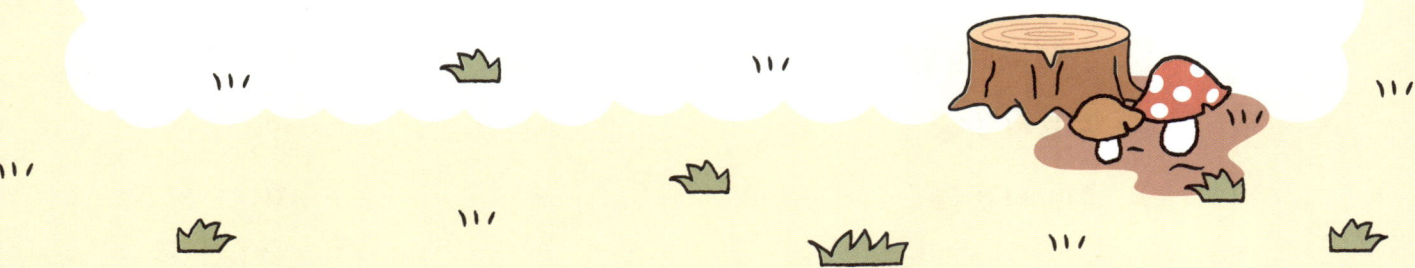

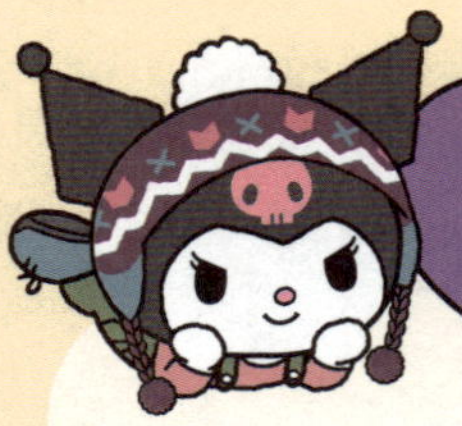

차례

제1부 다섯 손가락을 위한 연습

1. 5-4번 벌리기 연습 10
2. 3, 4번 고르게 치기 연습 12
3. 2, 3, 4번 고르게 치기 연습 14
4. 5-4번 트릴 준비와 3, 4, 5번 고르게 치기 연습 16
5. 5-4번 트릴 준비와 다섯 손가락을 위한 연습 18
6. 5번 손가락 힘을 기르기 위한 연습 20
7. 3, 4, 5번 고르게 치기 연습 22
8. 다섯 손가락을 위한 연습 24
9. 5-4번 벌리기와 다섯 손가락을 위한 연습 26
10. 4-3번 트릴 준비 연습 28
11. 5-4번 트릴 준비와 3, 4, 5번 고르게 치기 연습 30
12. 1-5번 벌리기와 3, 4, 5번 고르게 치기 연습 32
13. 3, 4, 5번 고르게 치기 연습 34
14. 4-3번 트릴 준비 연습 36
15. 1-2-1번 고르게 치기 연습 38
16. 3-5번 벌리기와 3, 4, 5번 고르게 치기 연습 40
17. 1-2, 2-4, 4-5번 벌리기와 3, 4, 5번 고르게 치기 연습 42
18. 다섯 손가락을 위한 연습 44
19. 다섯 손가락을 위한 연습 46
20. 2-4, 4-5번 벌리기와 2, 3, 4번 고르게 치기 연습 48

★ 쉬는 시간 ① 50

★ 쉬는 시간 ② 51

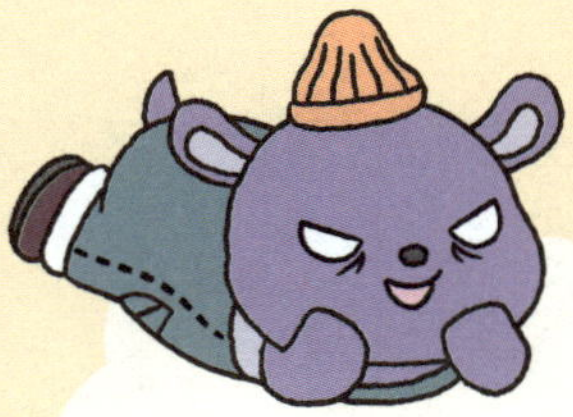

제2부 음계와 아르페지오 연습

21 다장조(C Major) 54
22 가단조(a minor) 55
23 바장조(F Major) 56
24 라단조(d minor) 57
25 사장조(G Major) 58
26 마단조(e minor) 59
27 내림나장조(B♭ Major) 60
28 사단조(g minor) 61
29 라장조(D Major) 62
30 나단조(b minor) 63
31 내림마장조(E♭ Major) 64
32 다단조(c minor) 65
33 가장조(A Major) 66
34 올림바단조(f♯ minor) 67
35 내림가장조(A♭ Major) 68
36 바단조(f minor) 69
37 마장조(E Major) 70
38 올림다단조(c♯ minor) 71

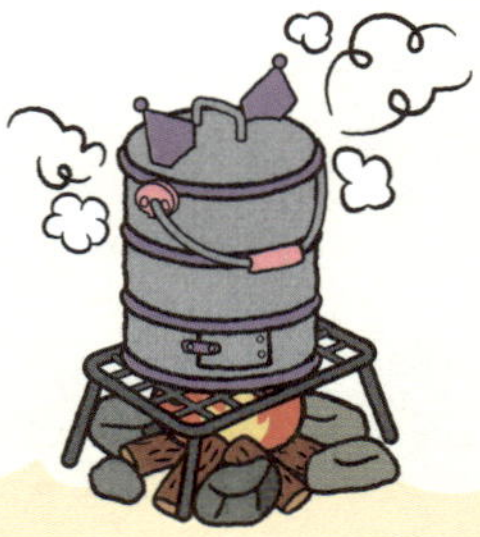

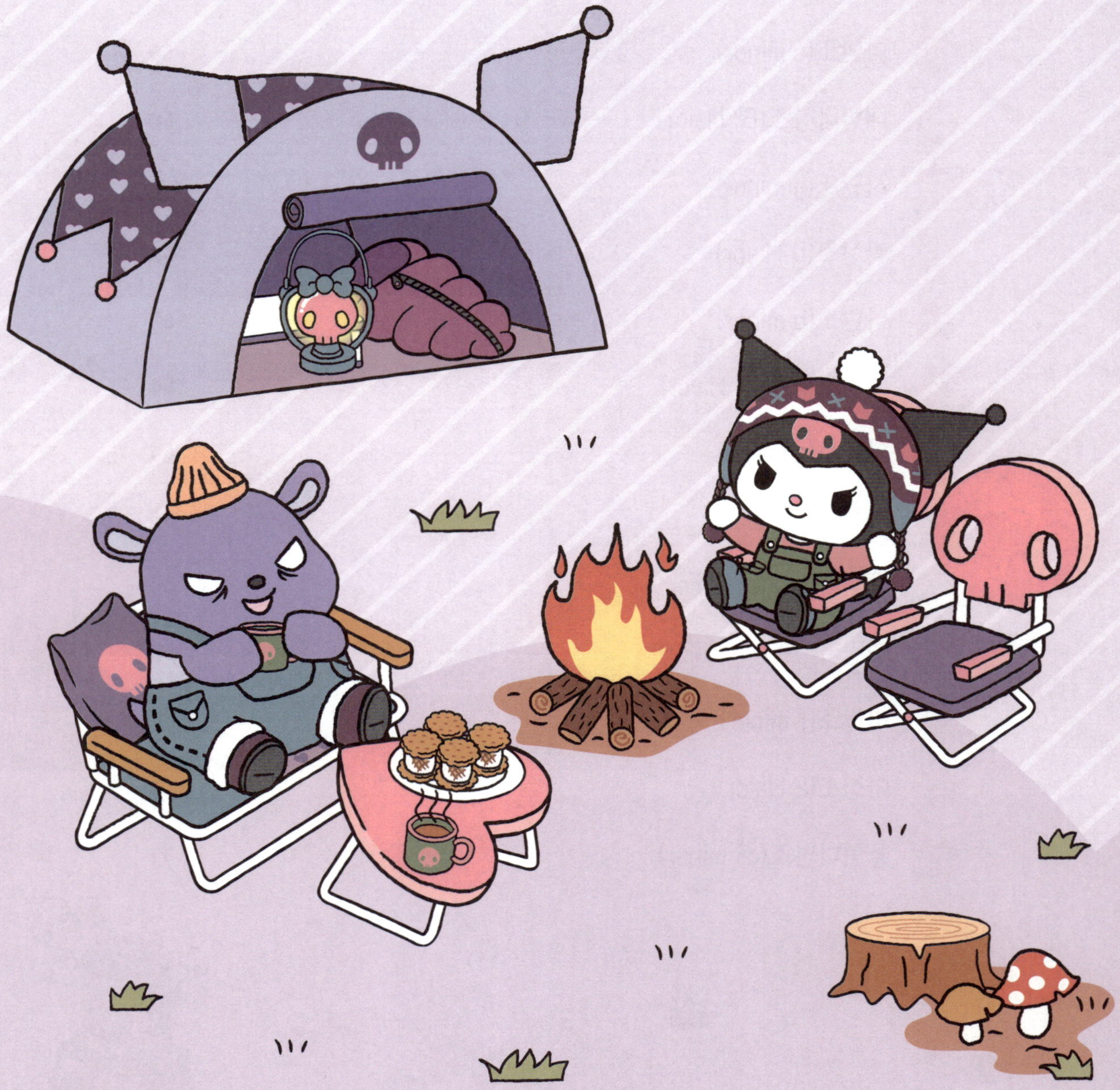

제1부

다섯 손가락을 위한 연습

5-4번 벌리기 연습

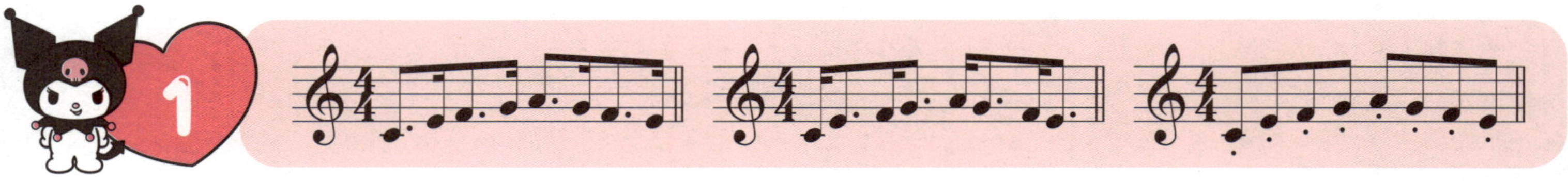

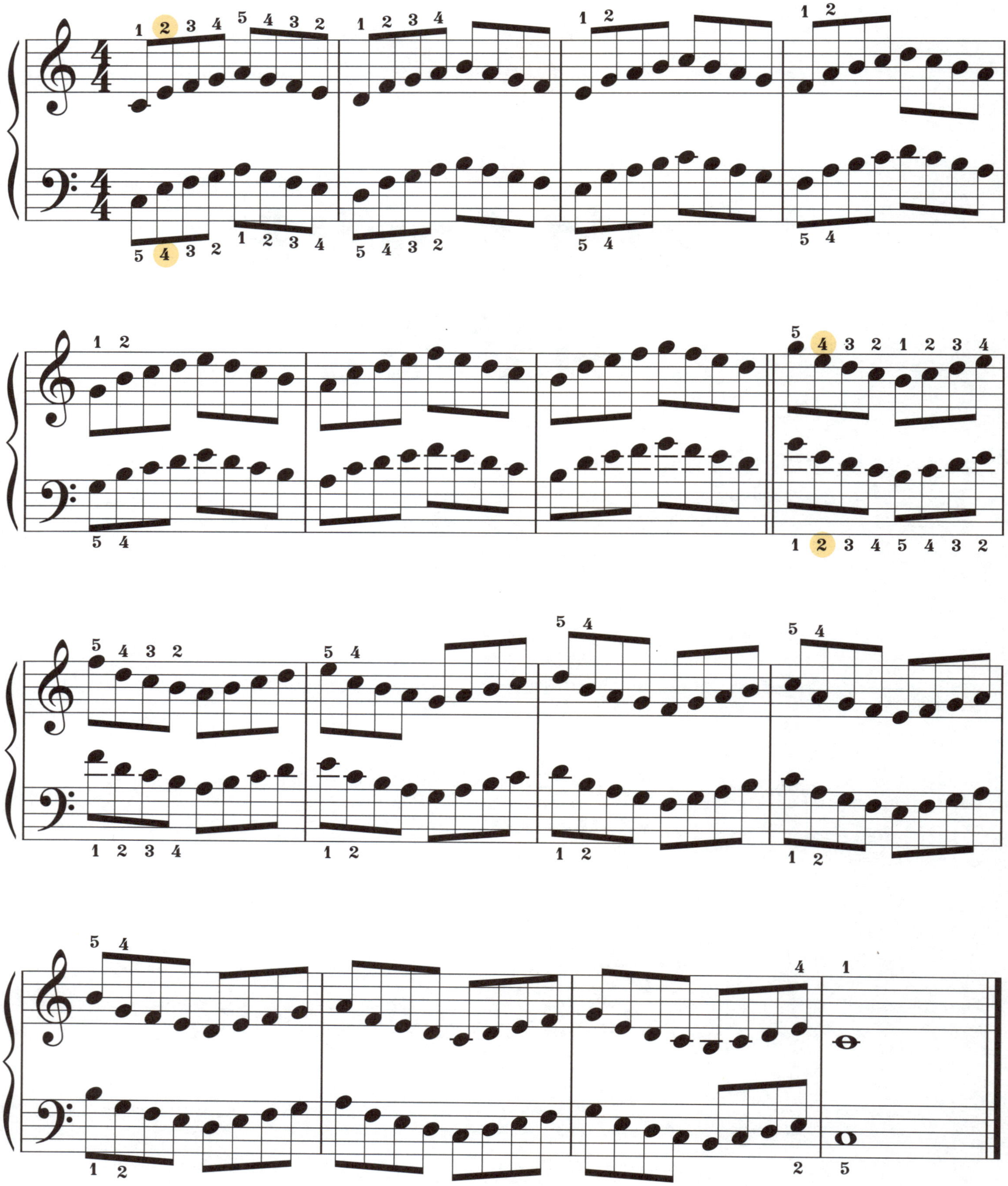

1
변형

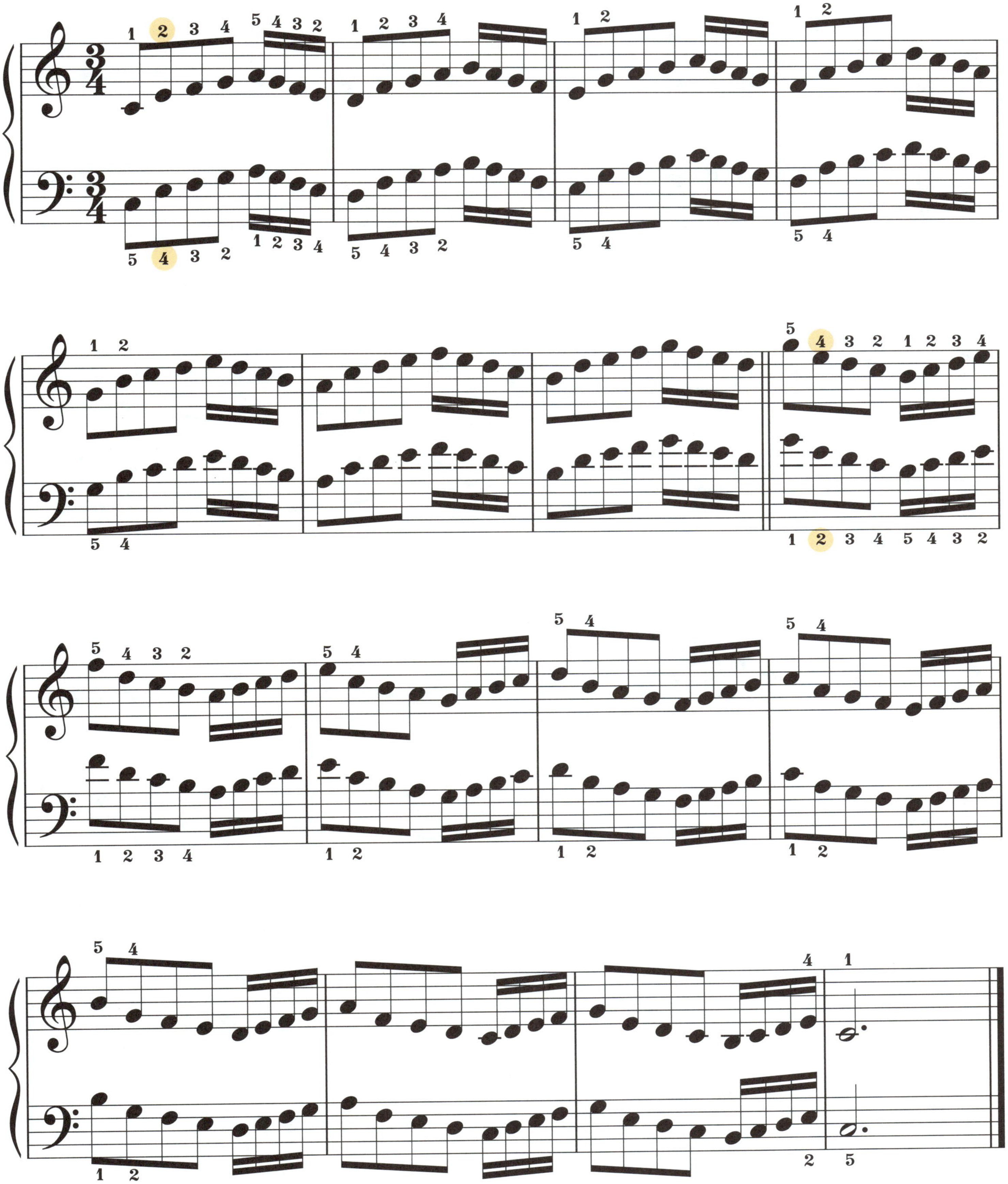

3, 4번 고르게 치기 연습

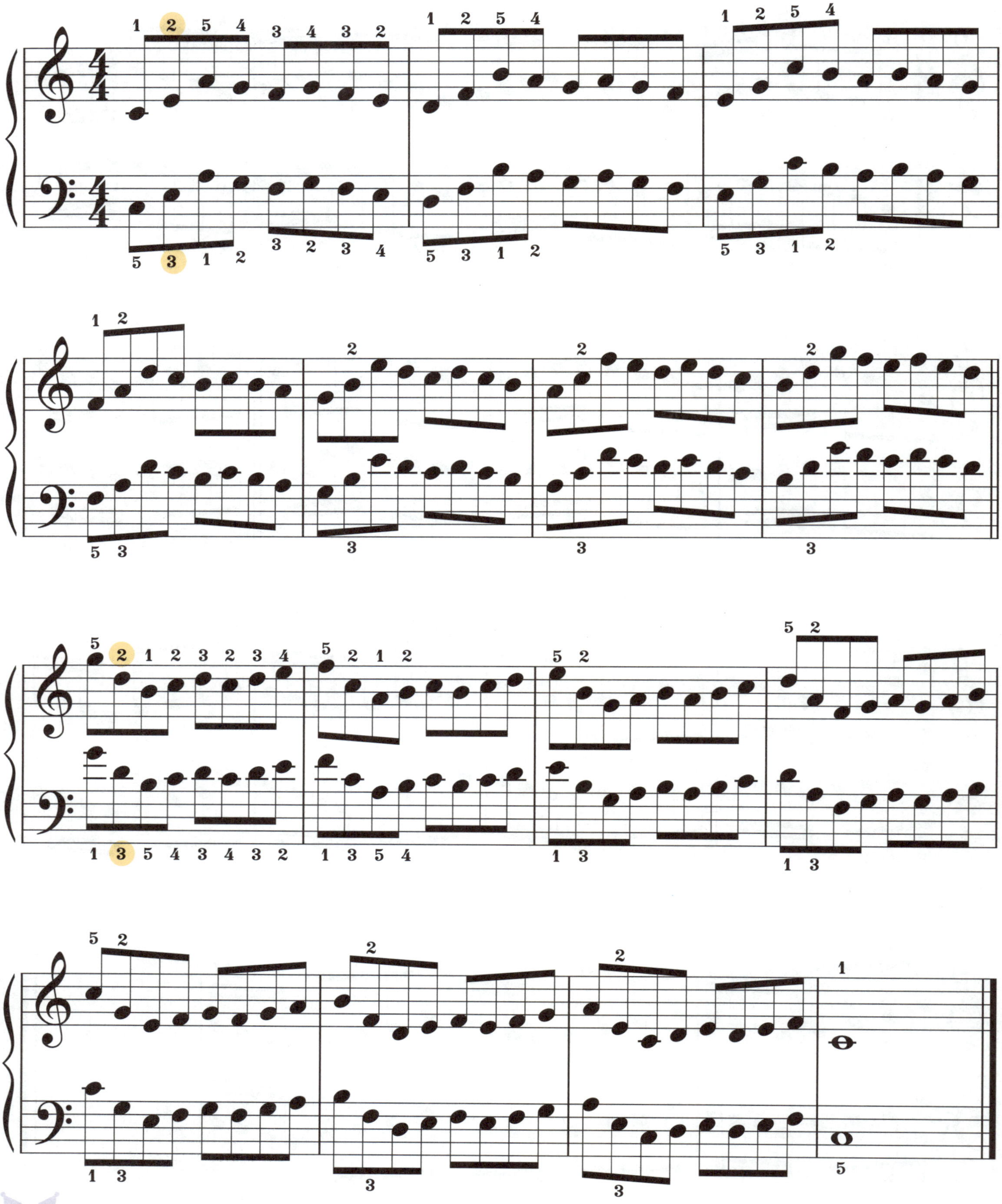

2
변형

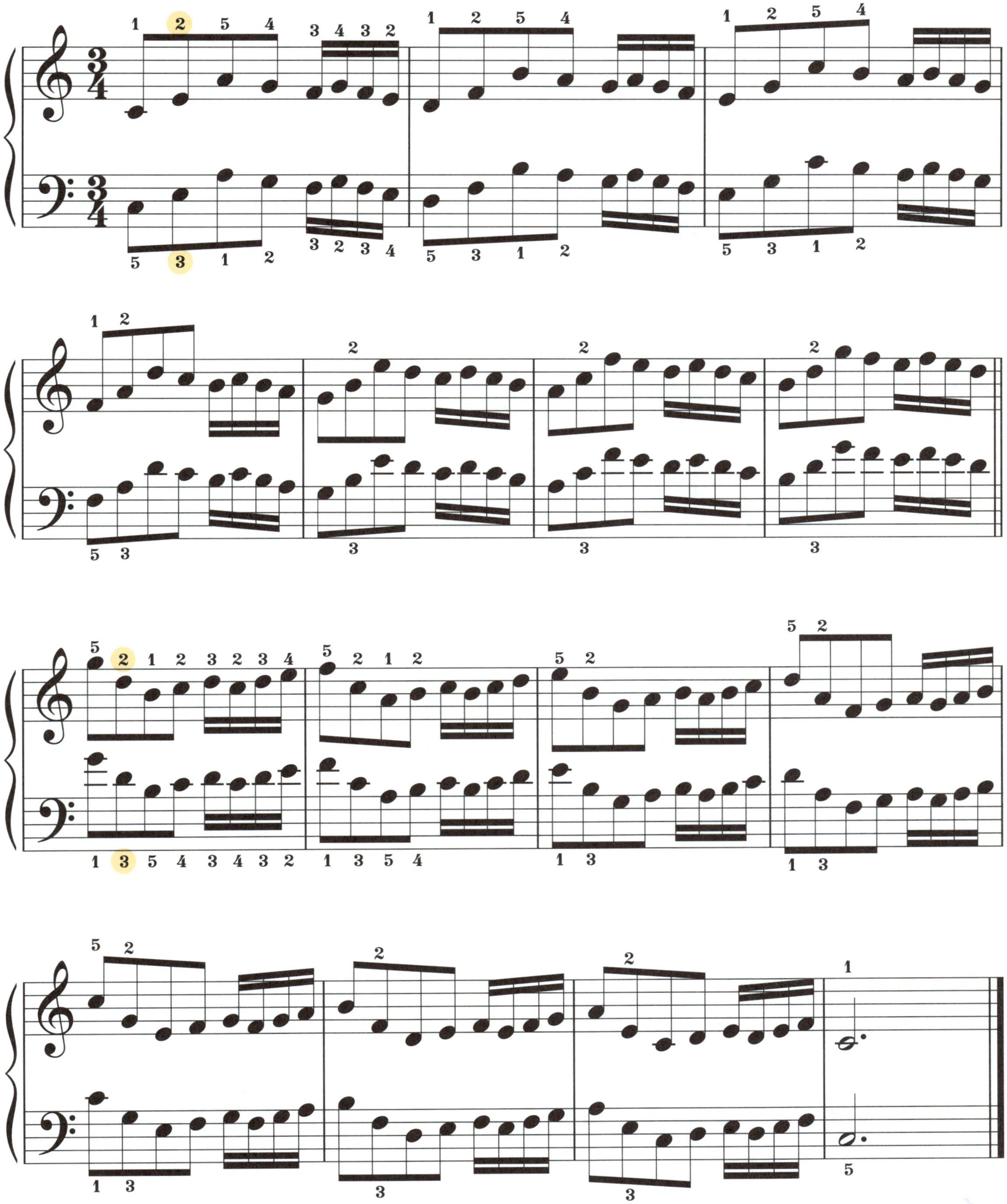

2, 3, 4번 고르게 치기 연습

3

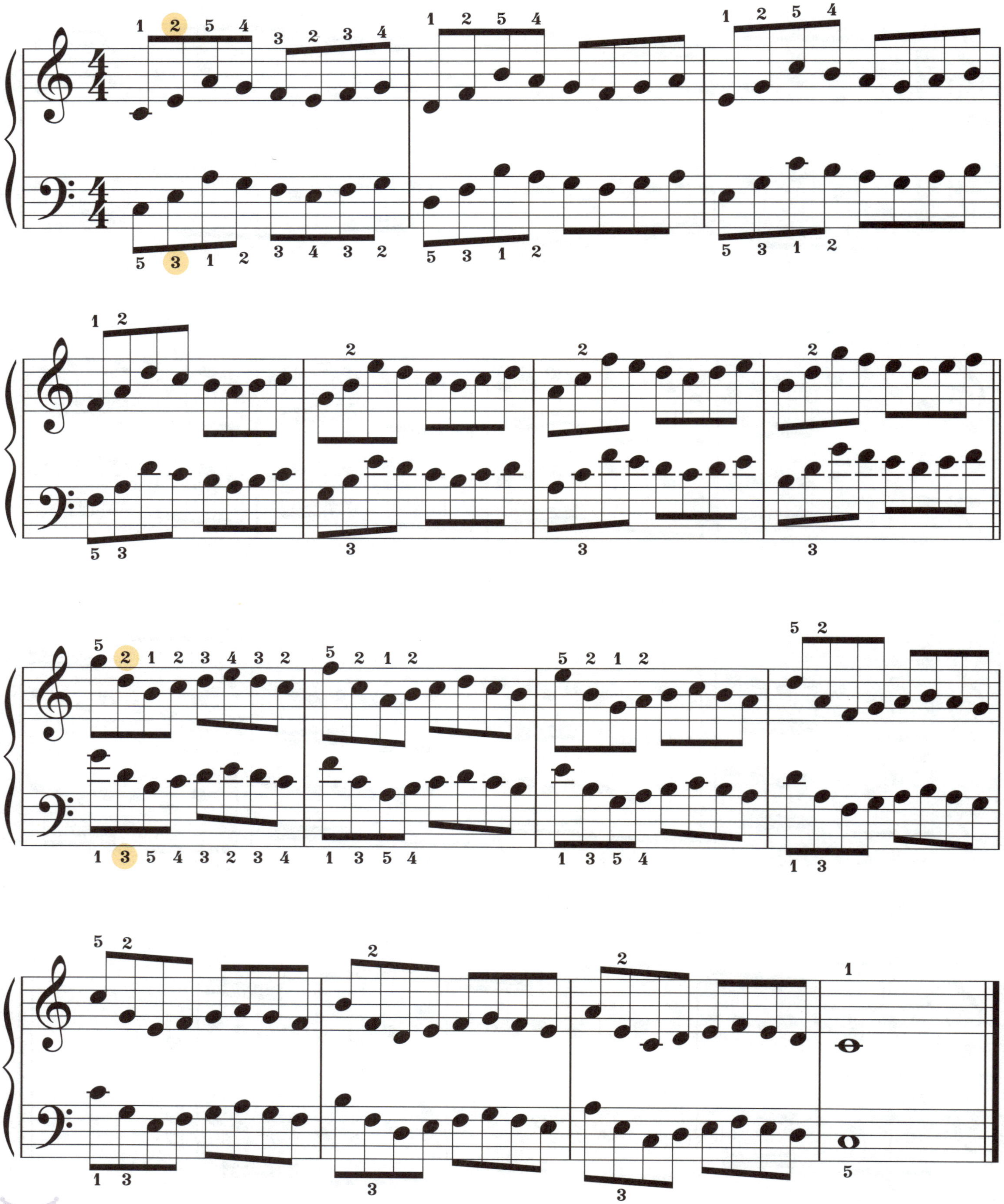

3
변형

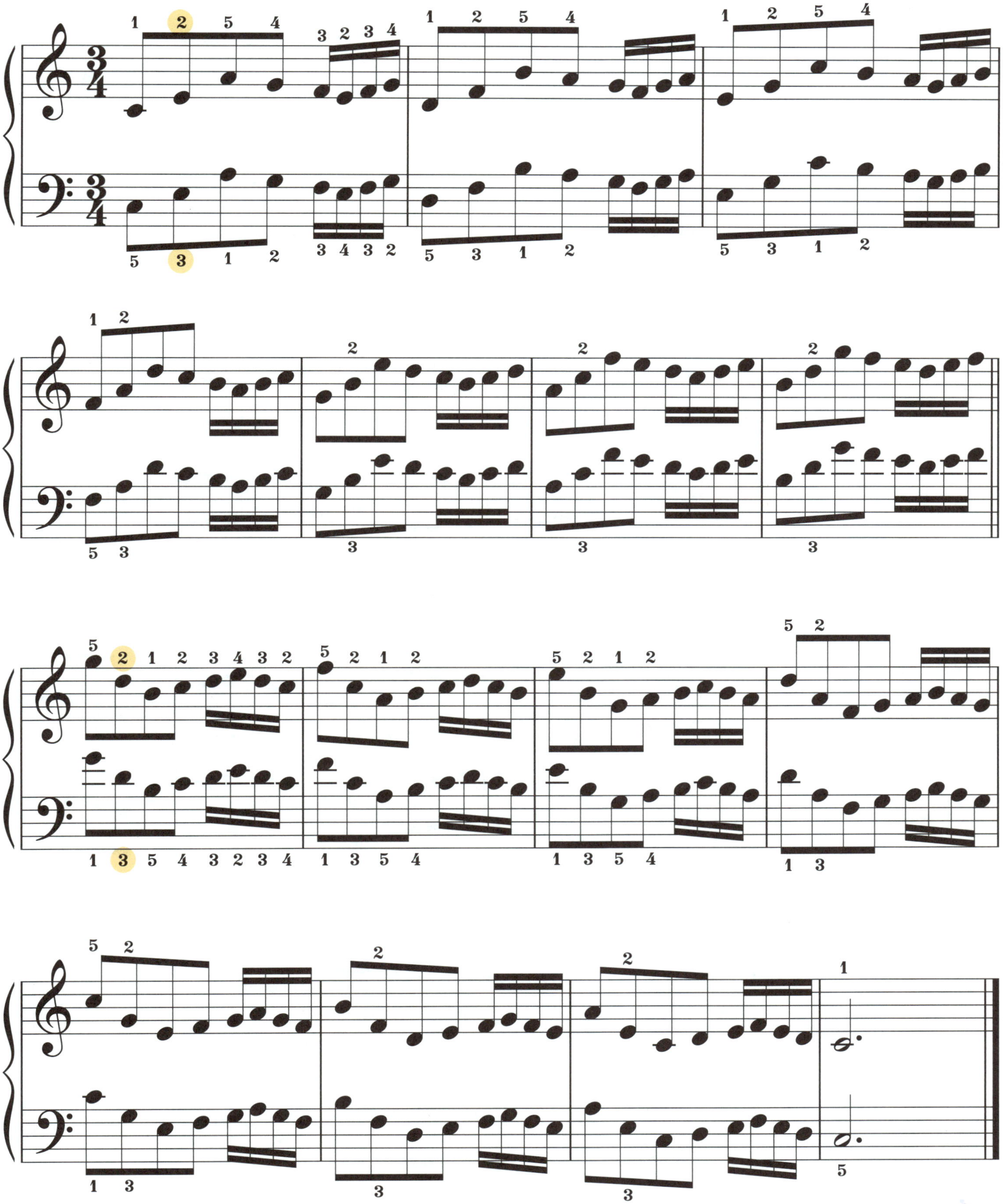

5-4번 트릴 준비와 3, 4, 5번 고르게 치기 연습

4

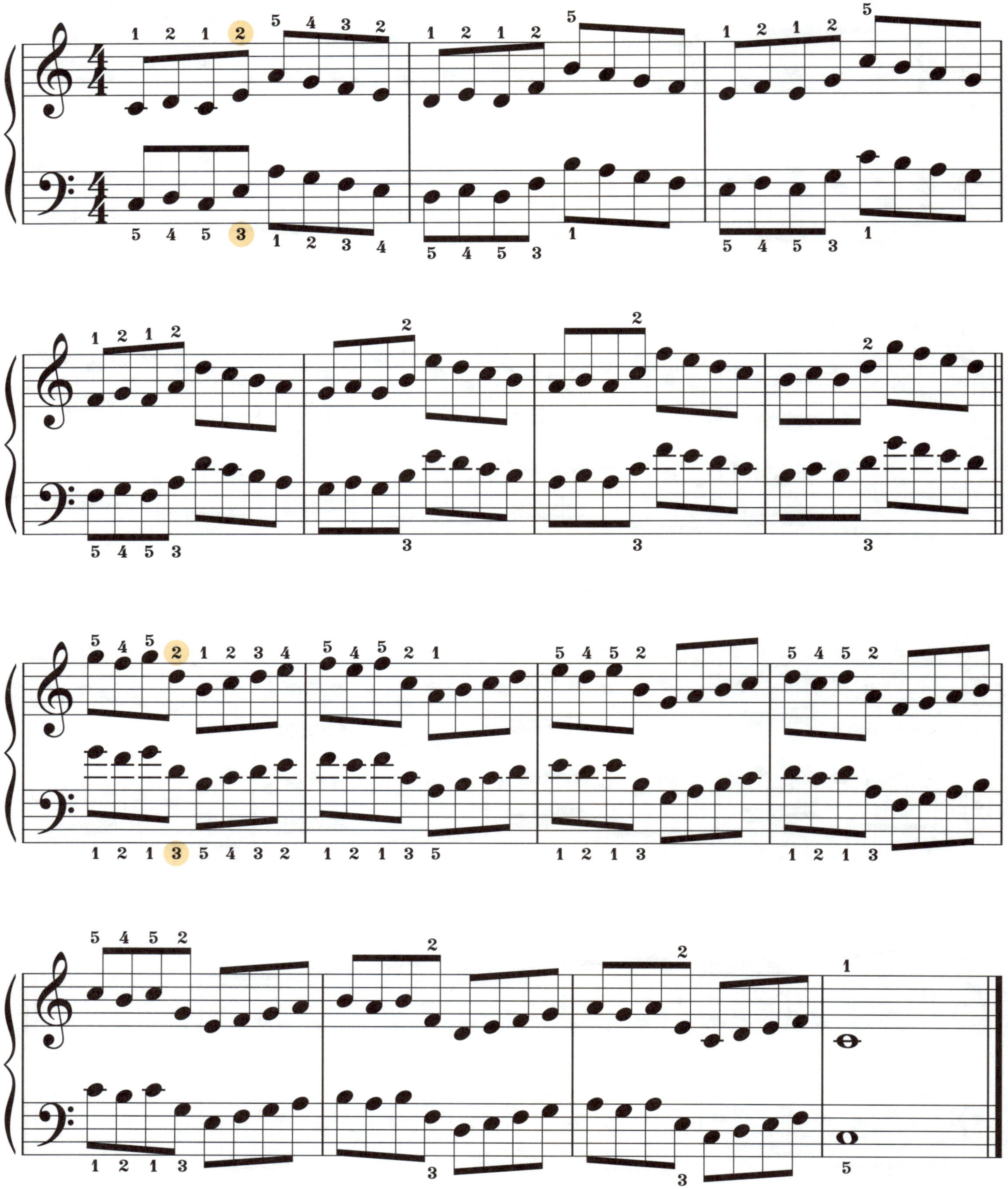

4 변형

5-4번 트릴 준비와 다섯 손가락을 위한 연습

5
변형

5번 손가락 힘을 기르기 위한 연습

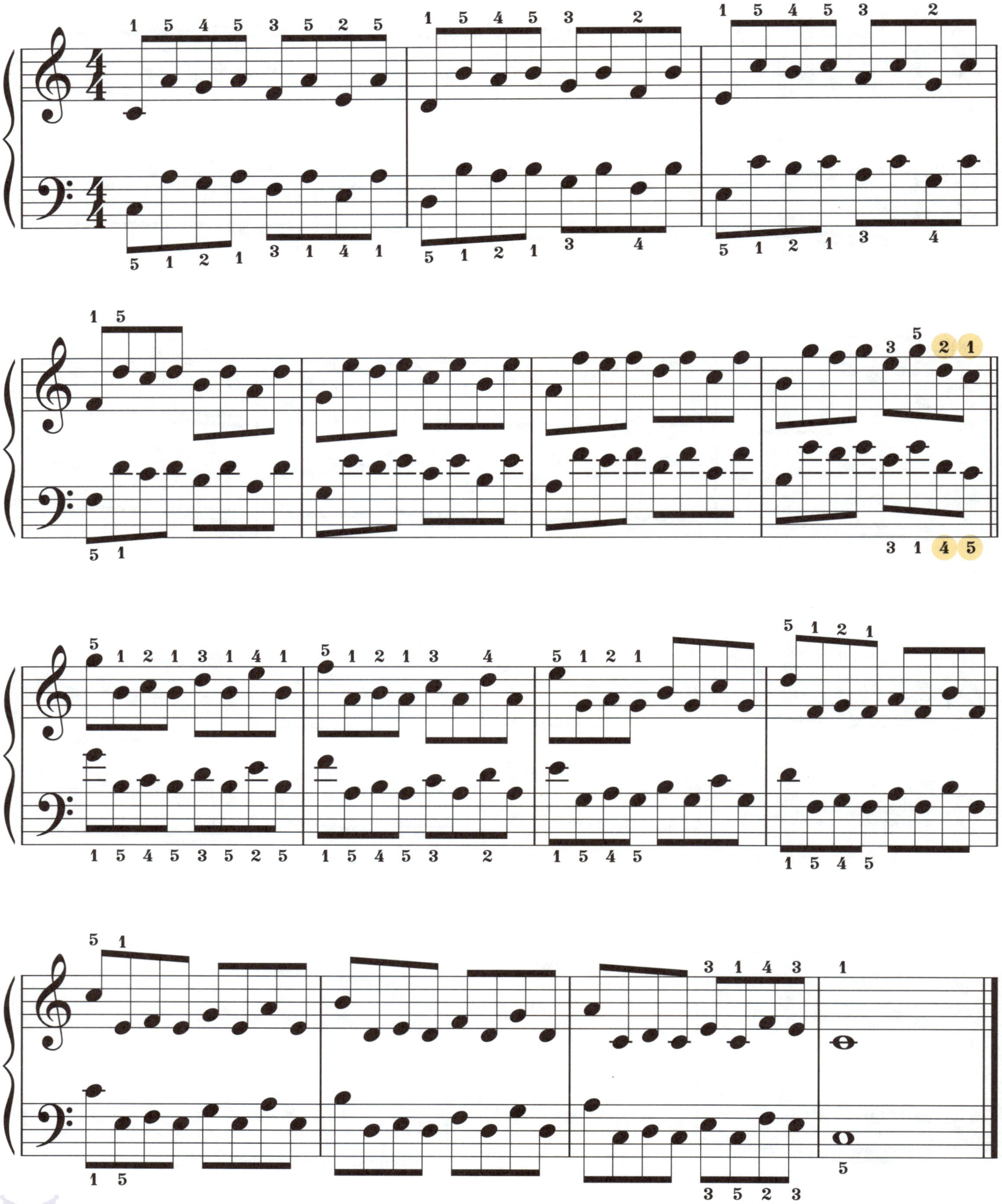

6 변형

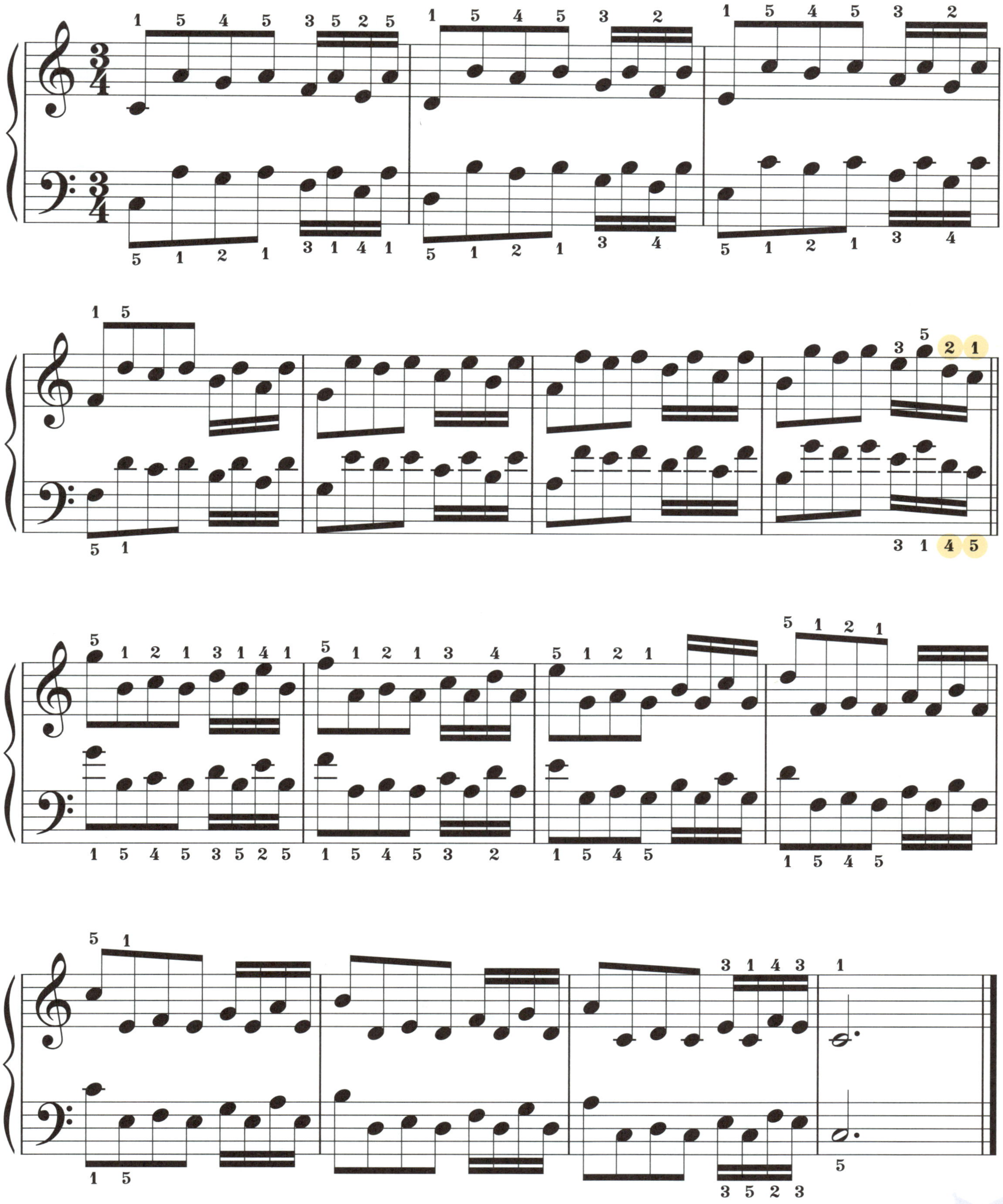

3, 4, 5번 고르게 치기 연습

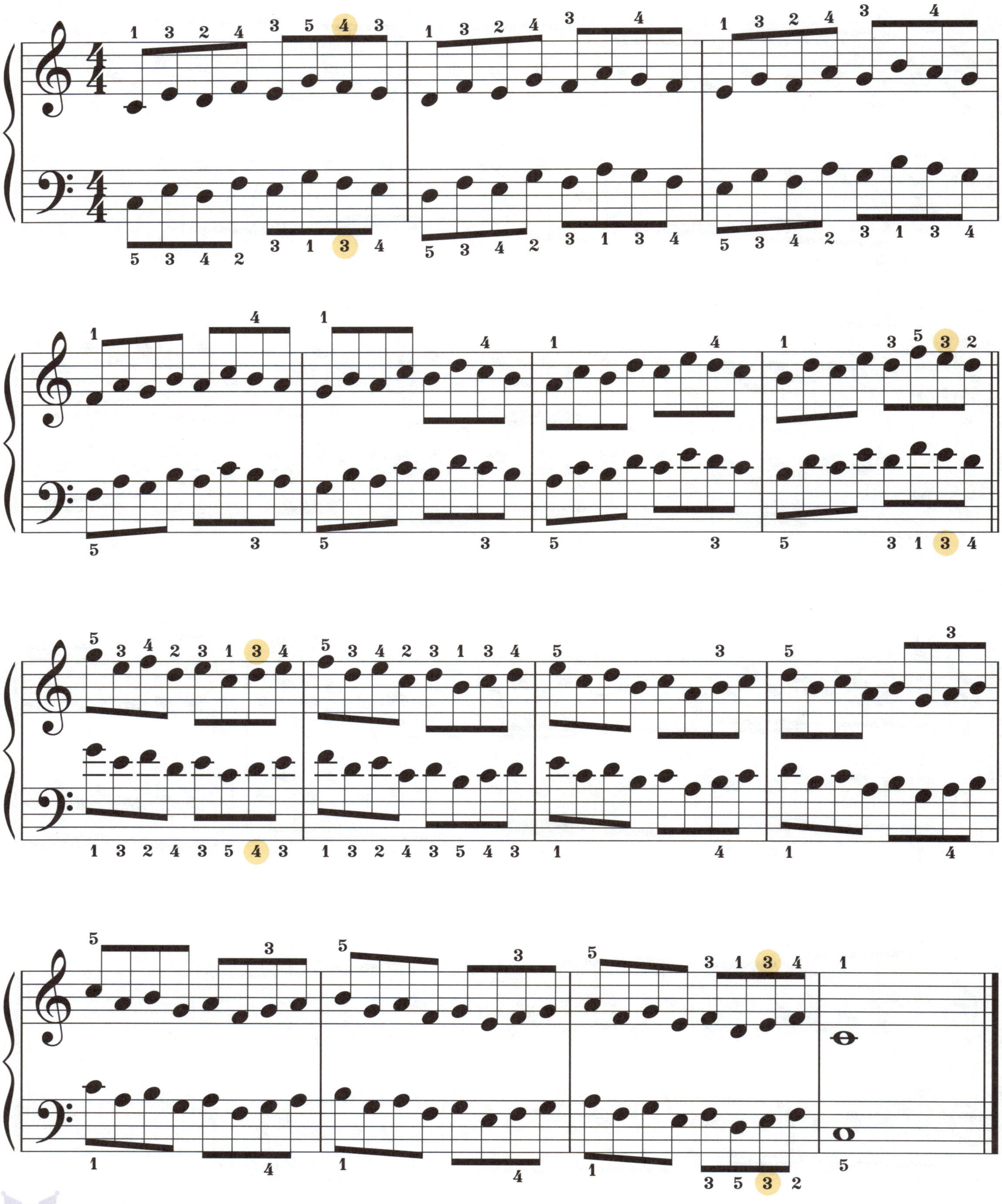

7
변형

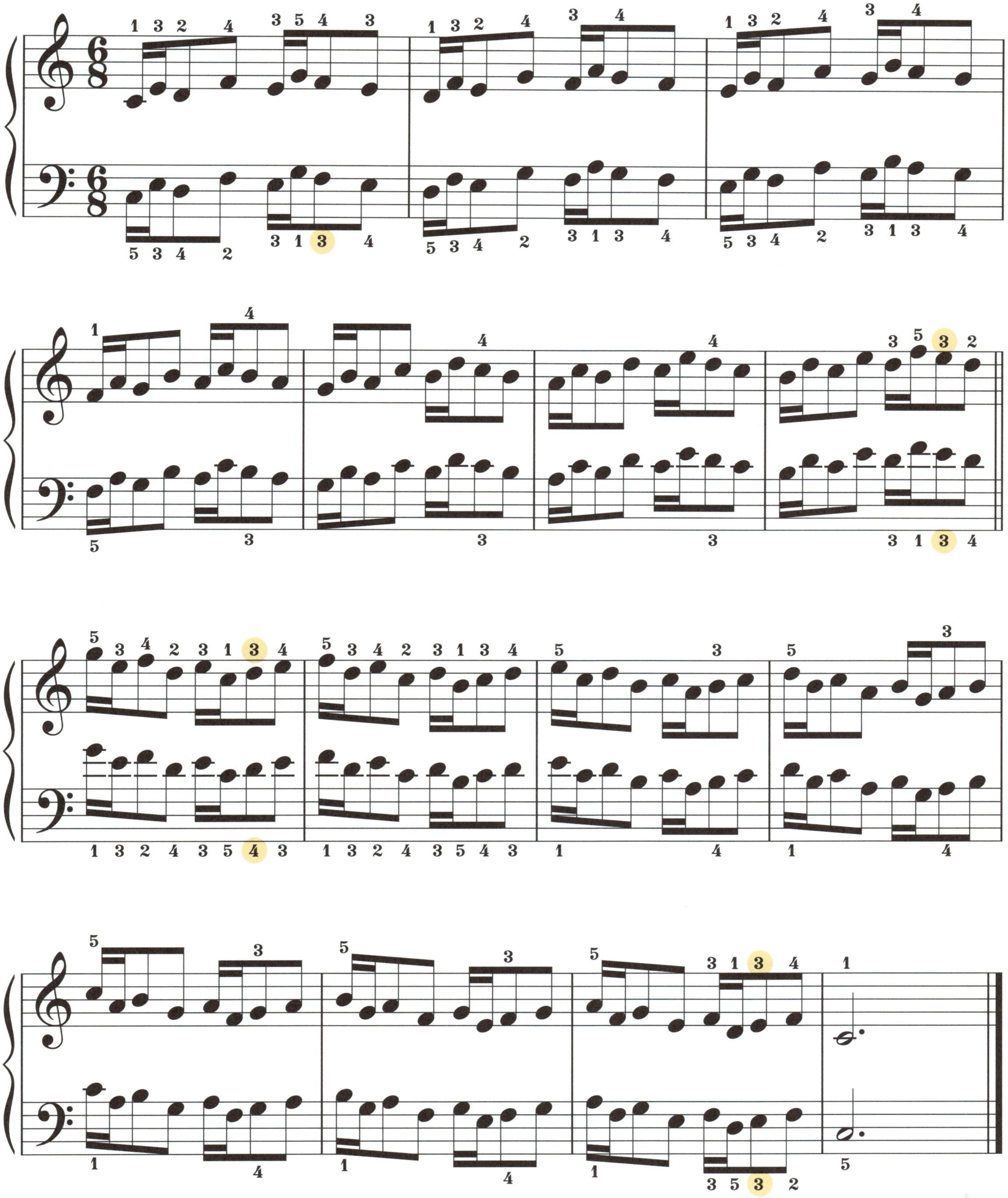

다섯 손가락을 위한 연습

8

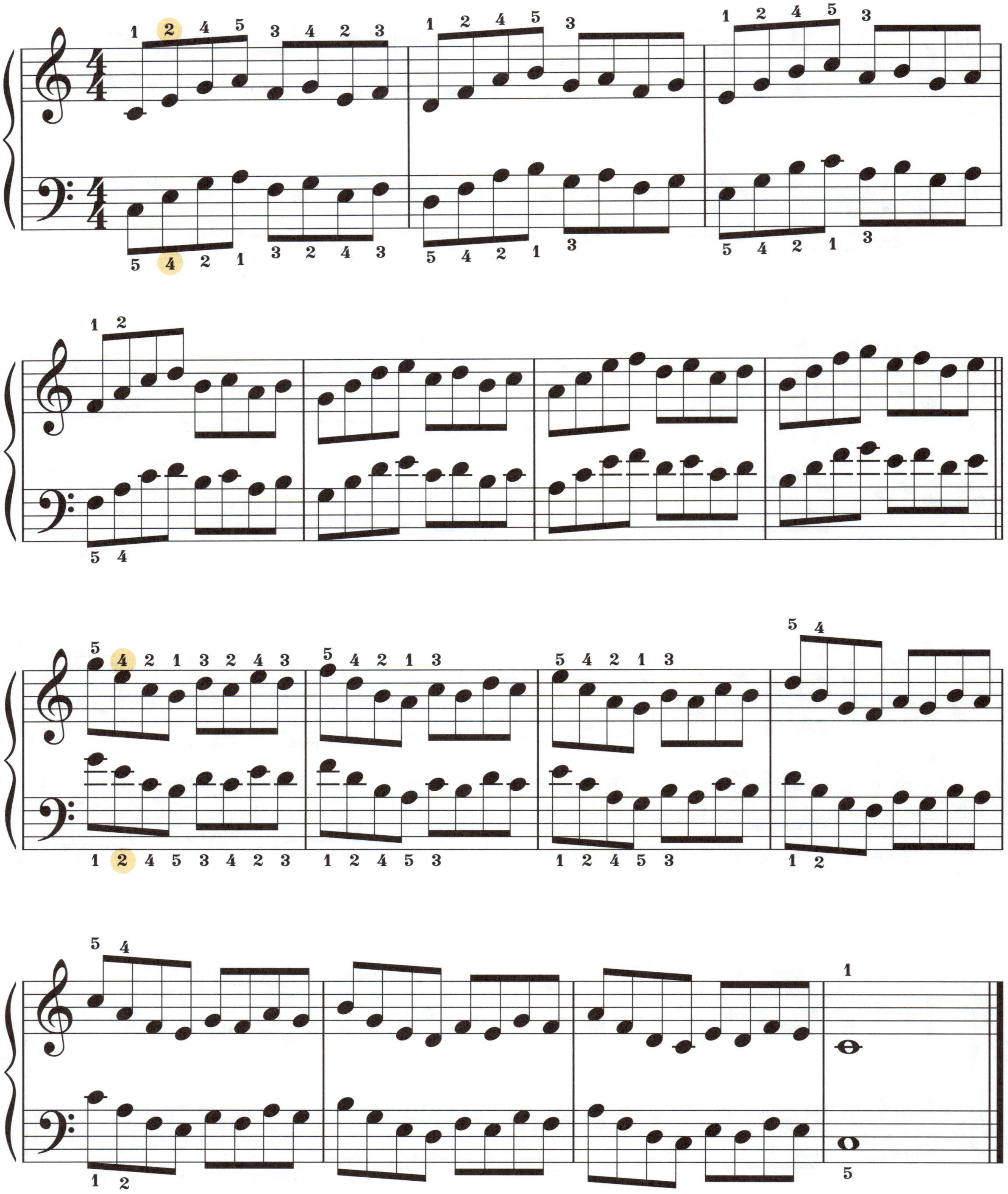

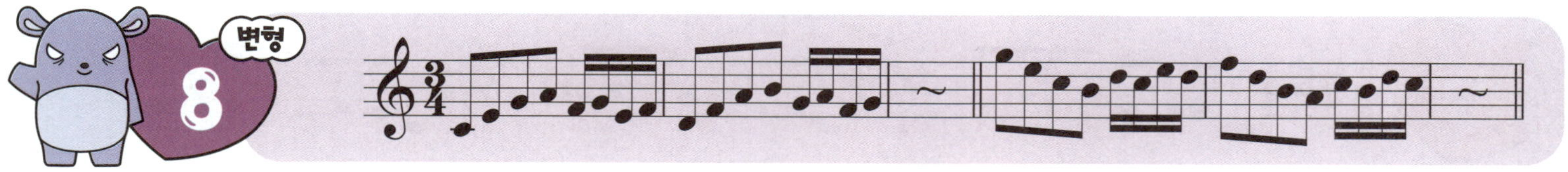

8
변형

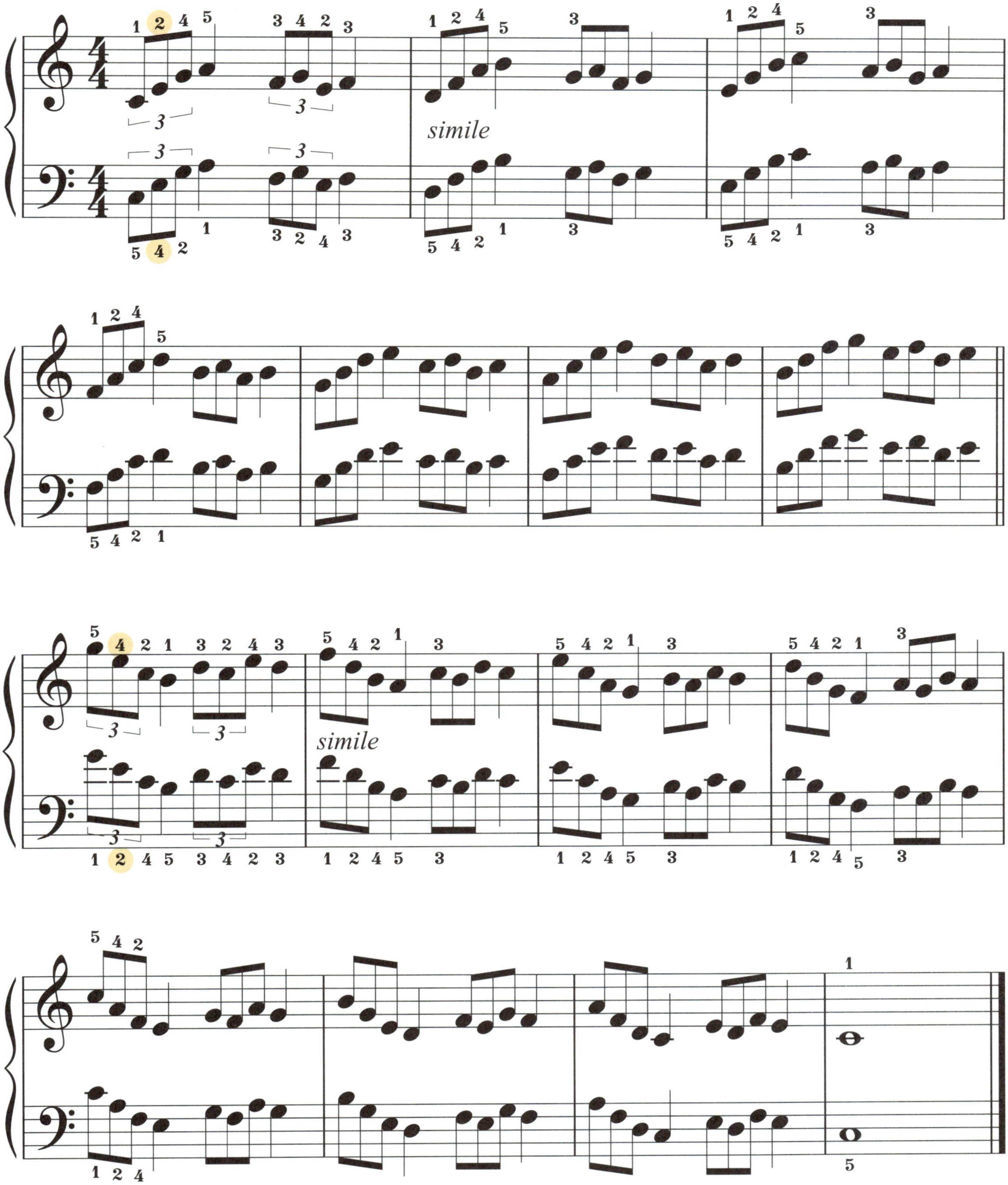

simile
simile

5-4번 벌리기와 다섯 손가락을 위한 연습

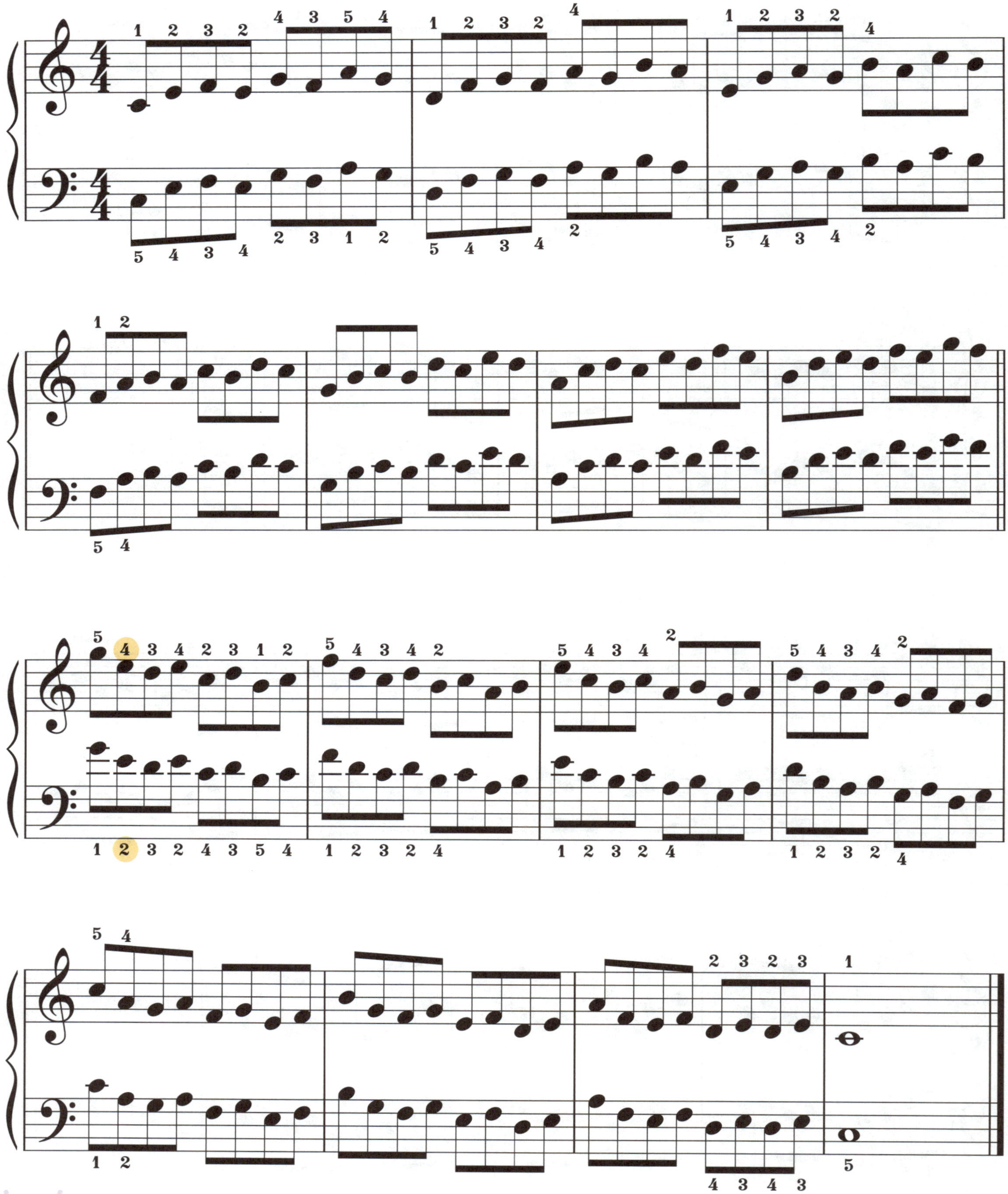

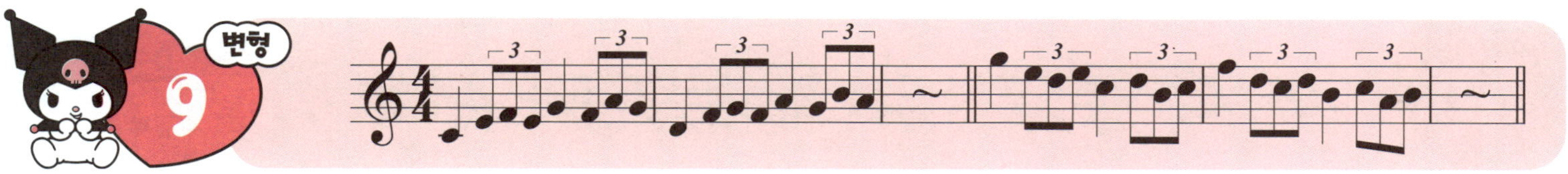
9
변형

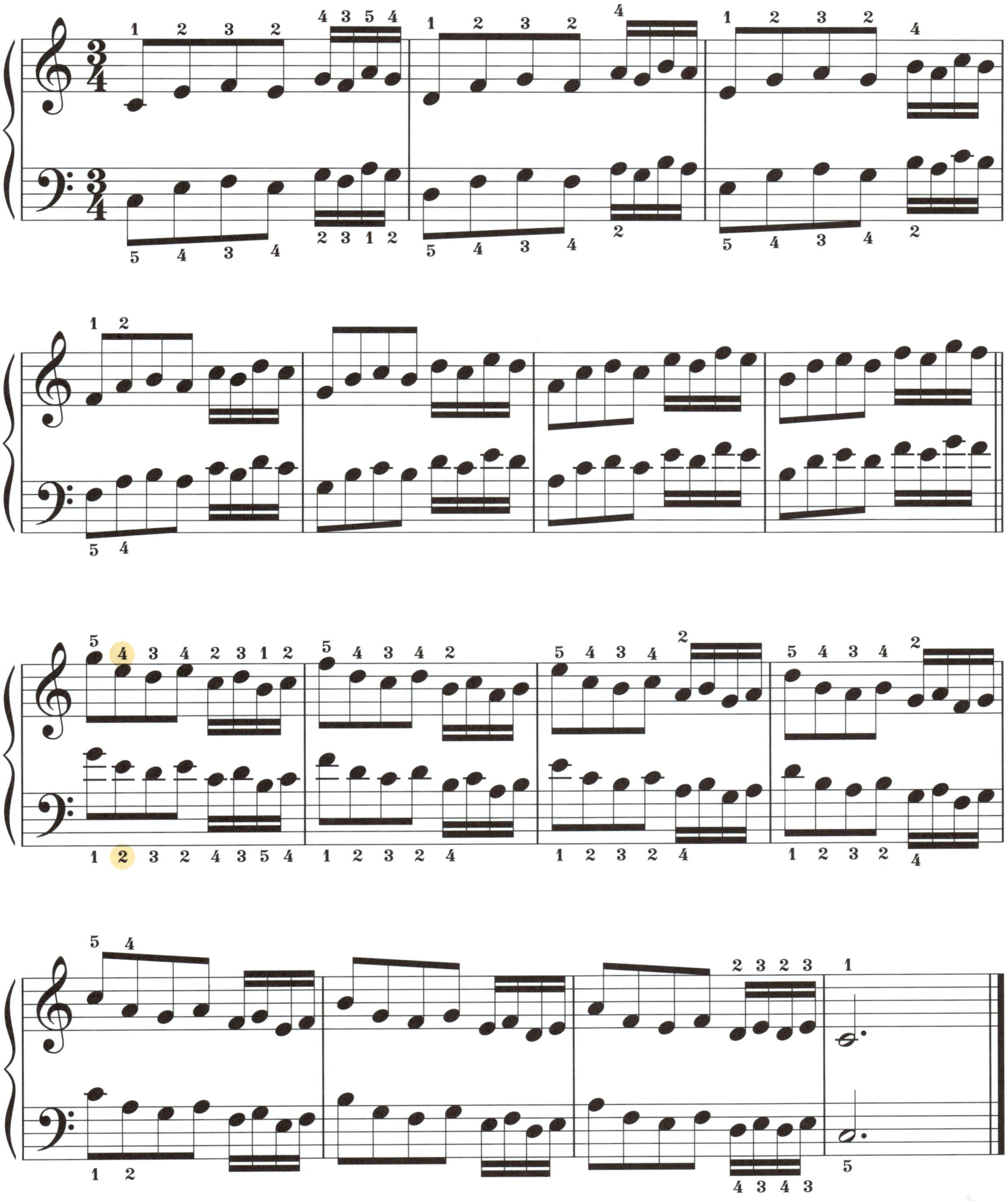

4-3번 트릴 준비 연습

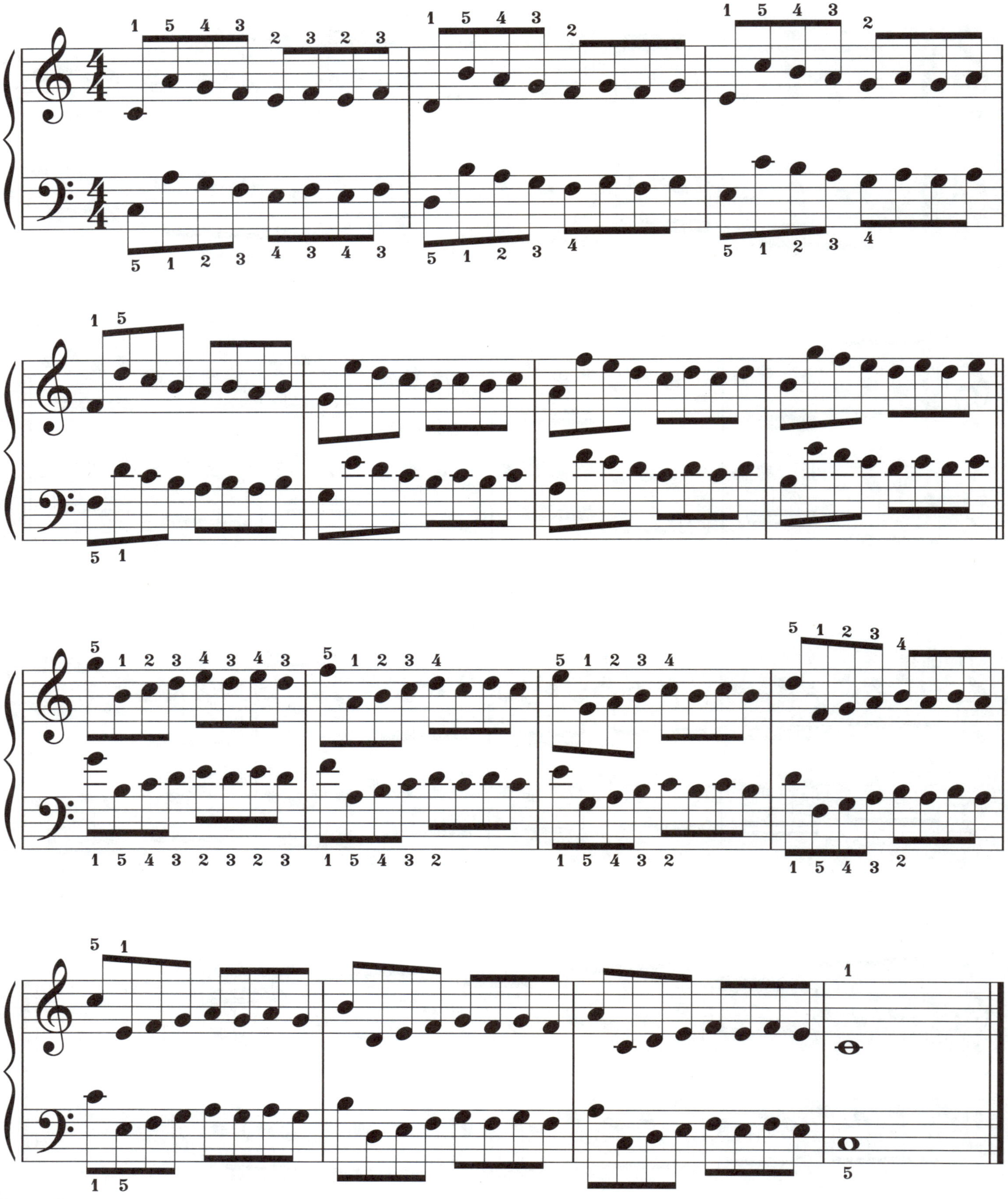

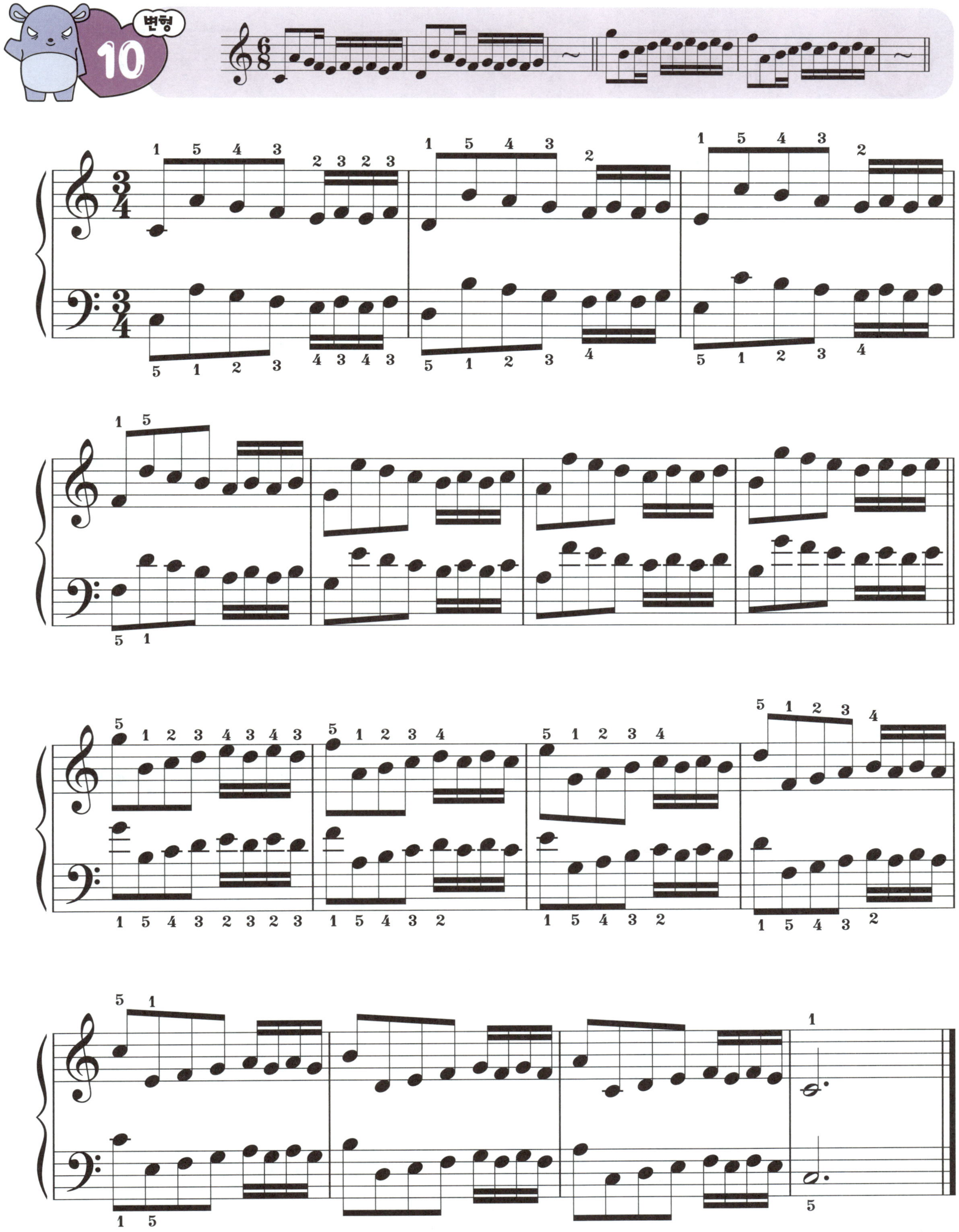
10
변형

5-4번 트릴 준비와 3, 4, 5번 고르게 치기 연습

11

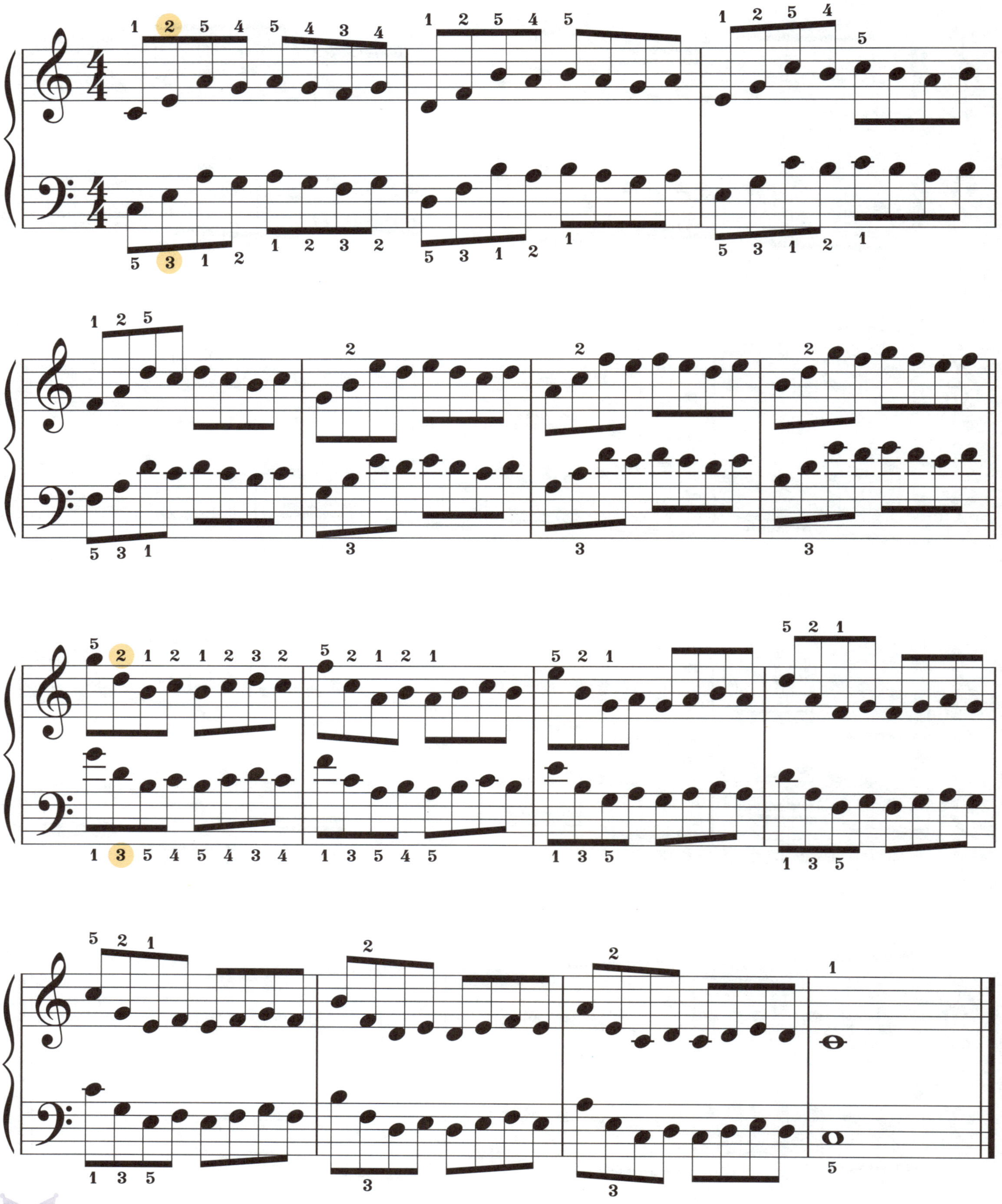

11
변형

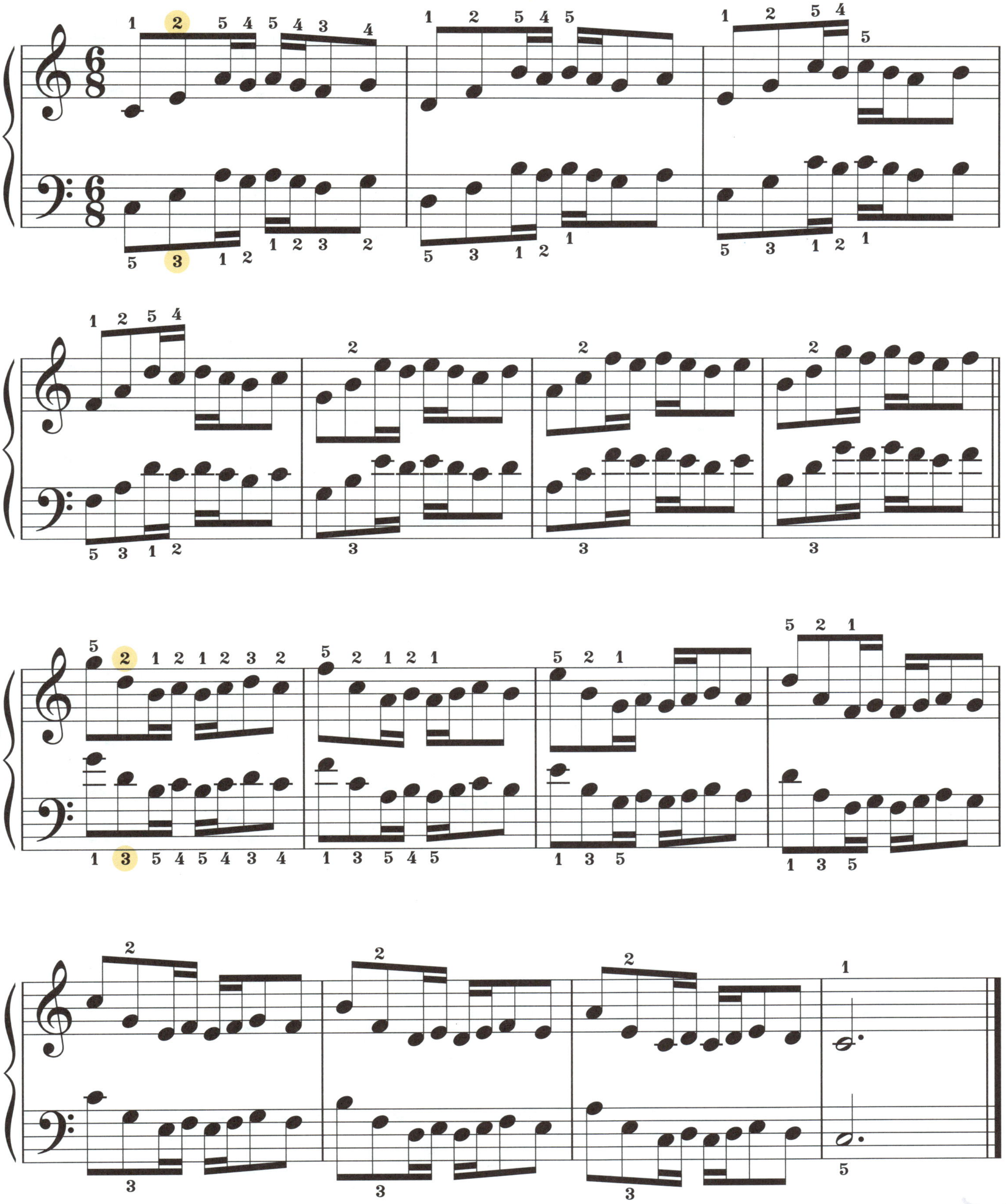

1-5번 벌리기와 3, 4, 5번 고르게 치기 연습

12

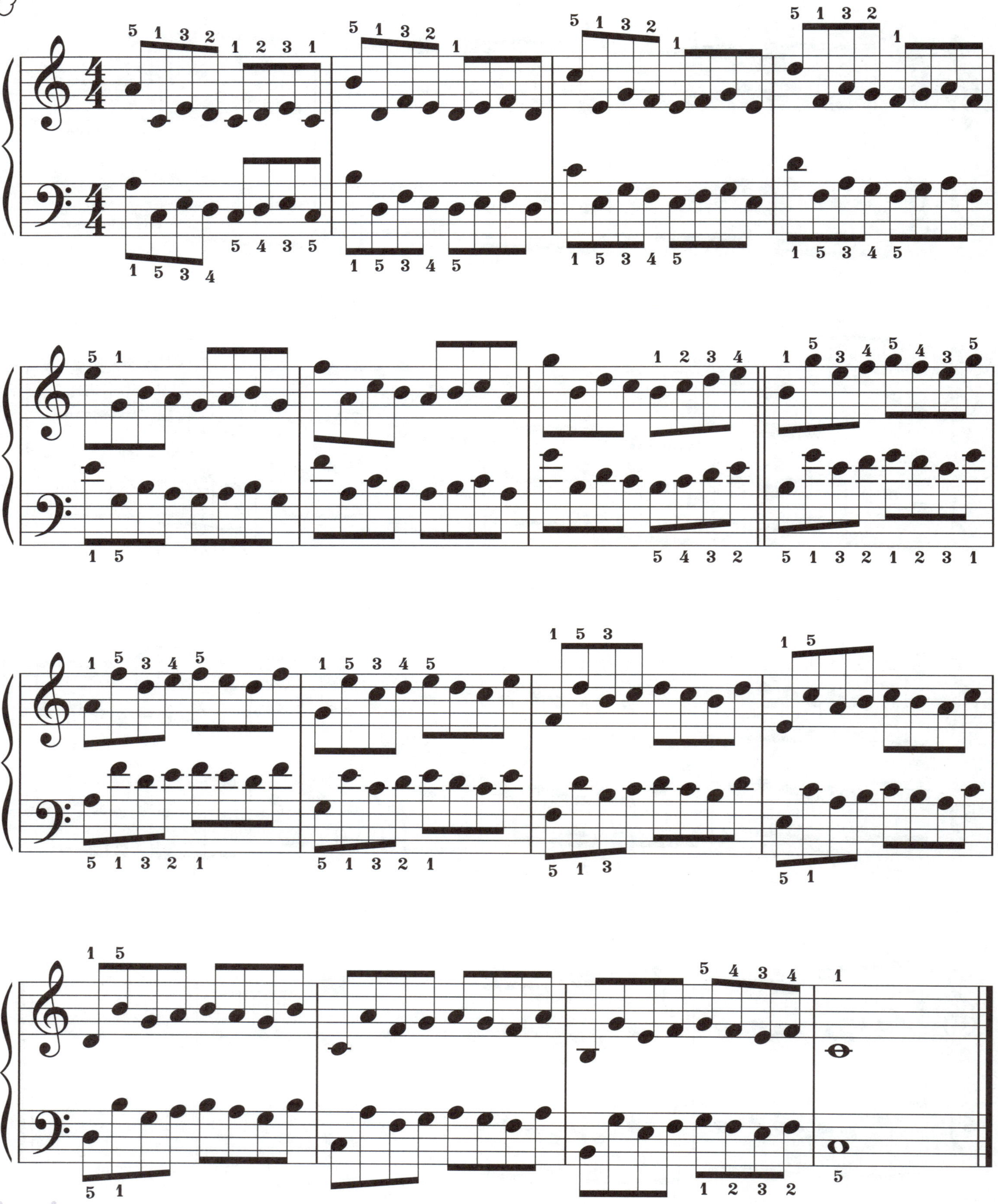

변형
12

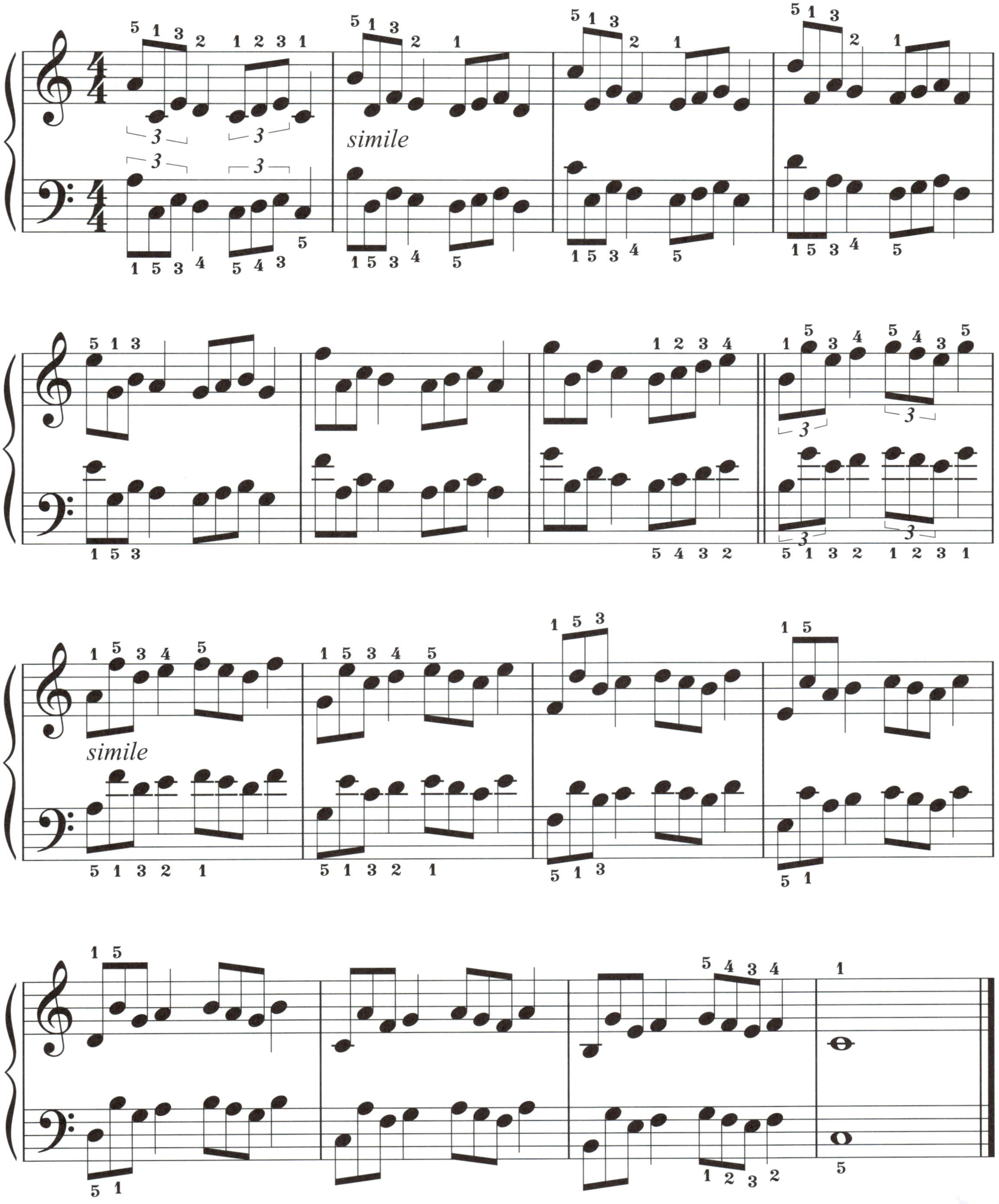
simile
simile

3, 4, 5번 고르게 치기 연습

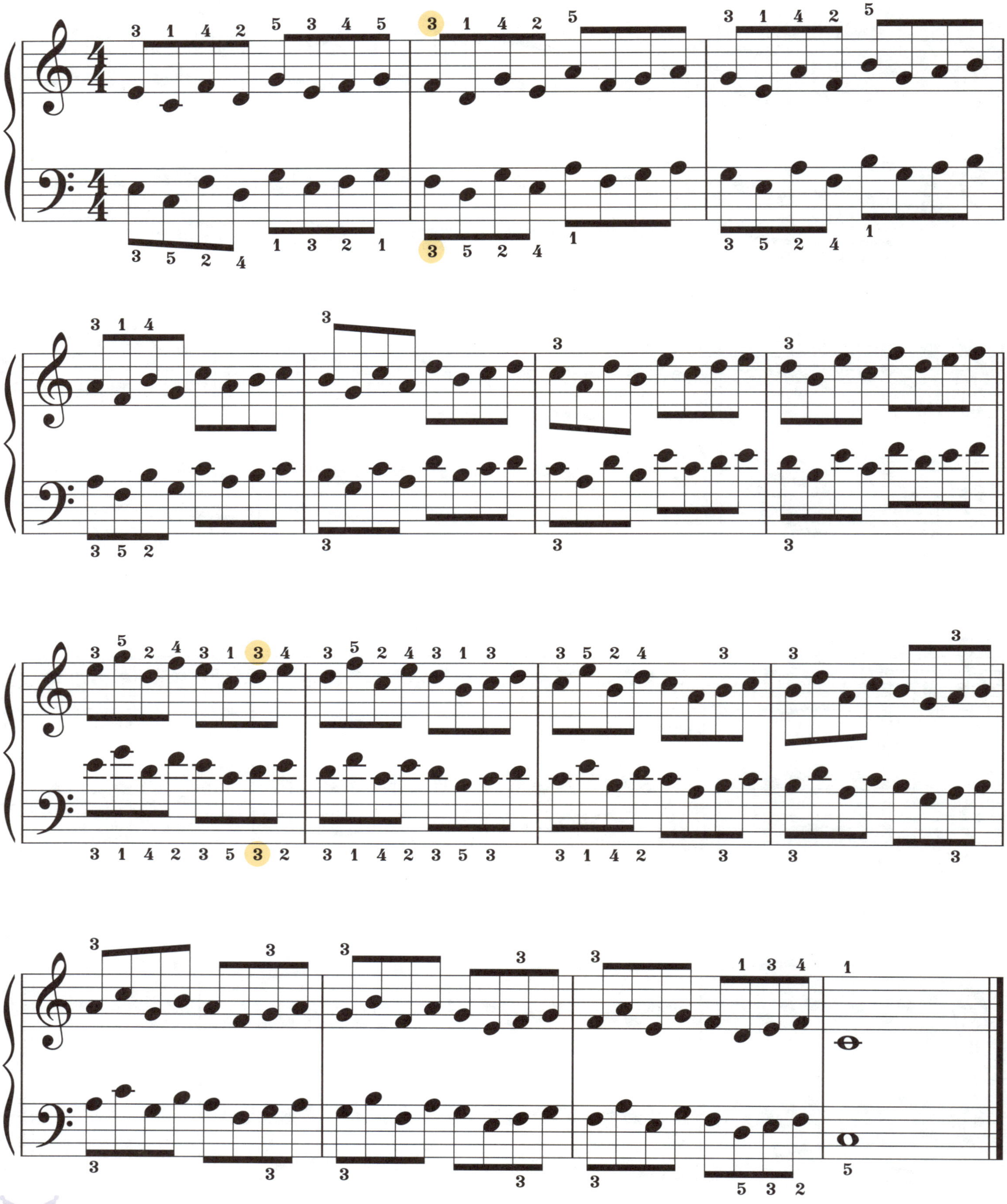

13 변형

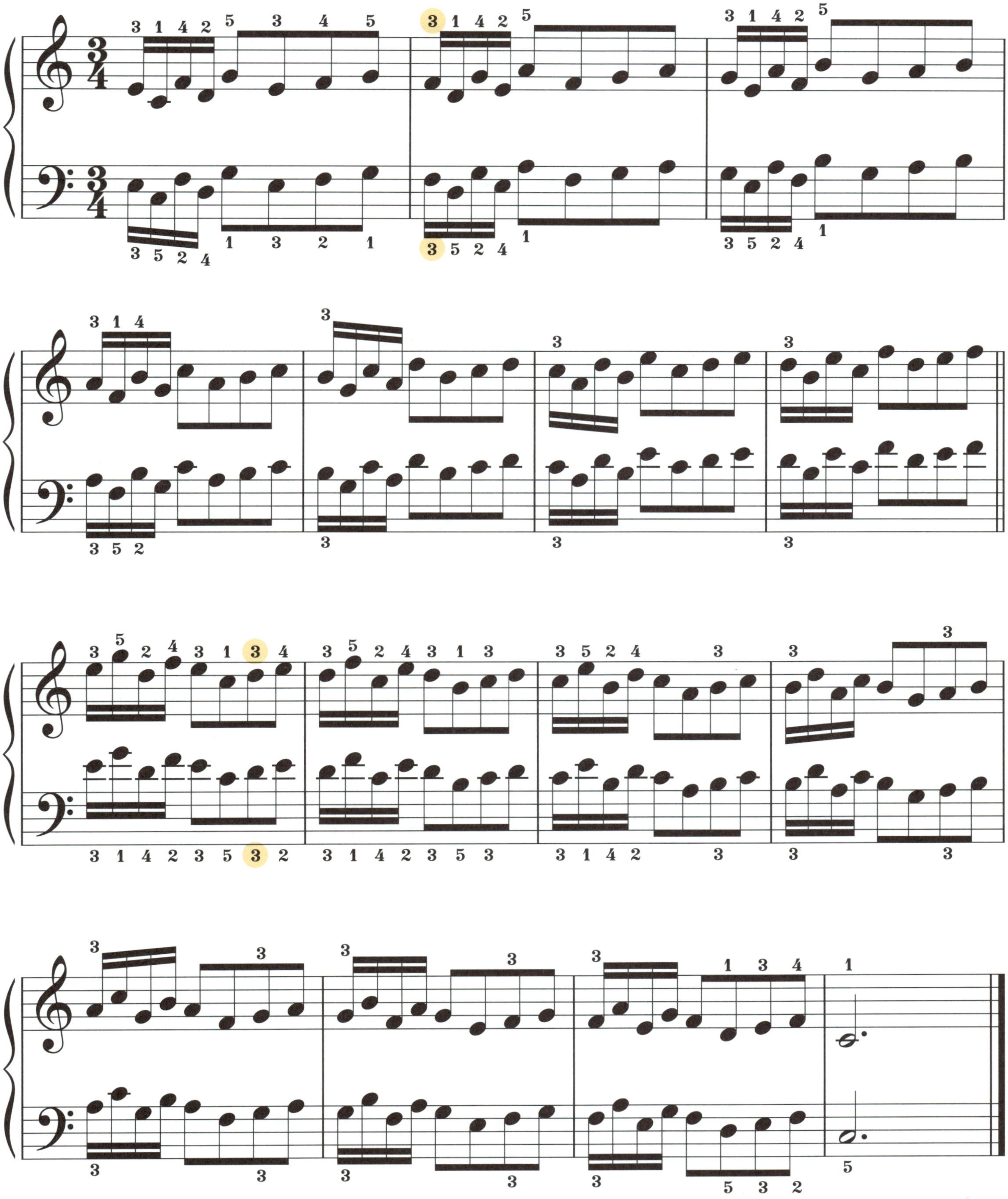

4-3번 트릴 준비 연습

14

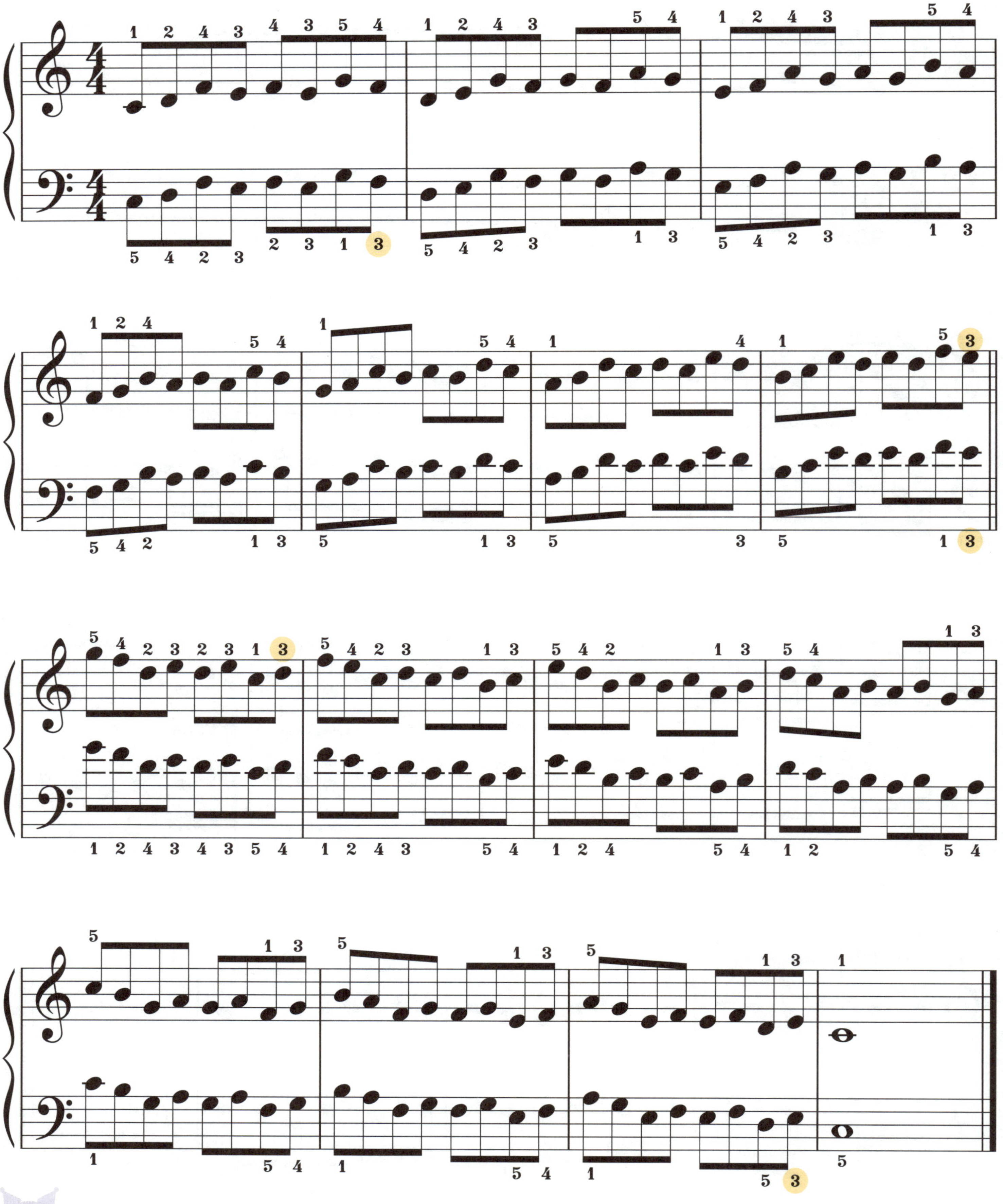

14 변형

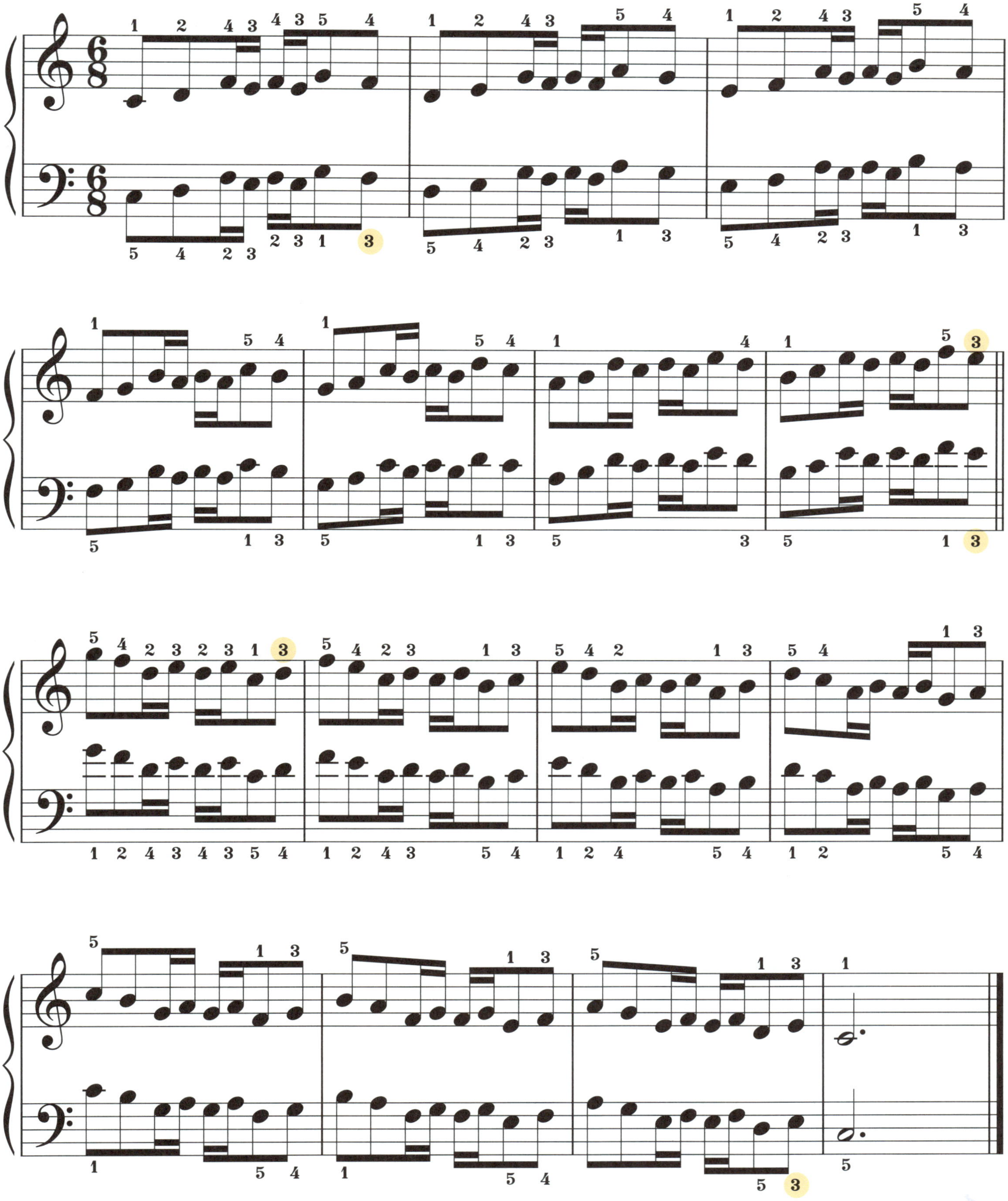

1-2-1번 고르게 치기 연습

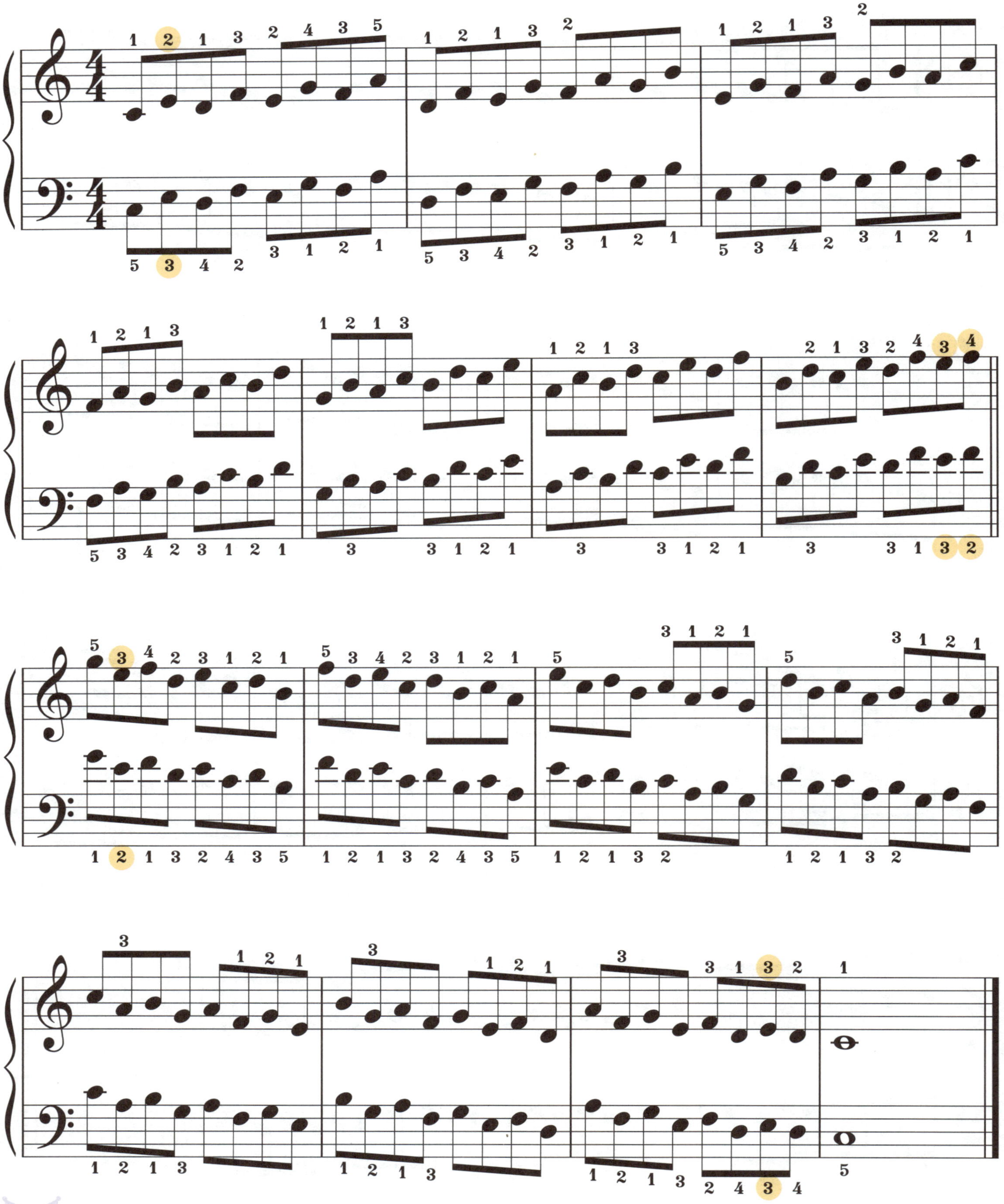

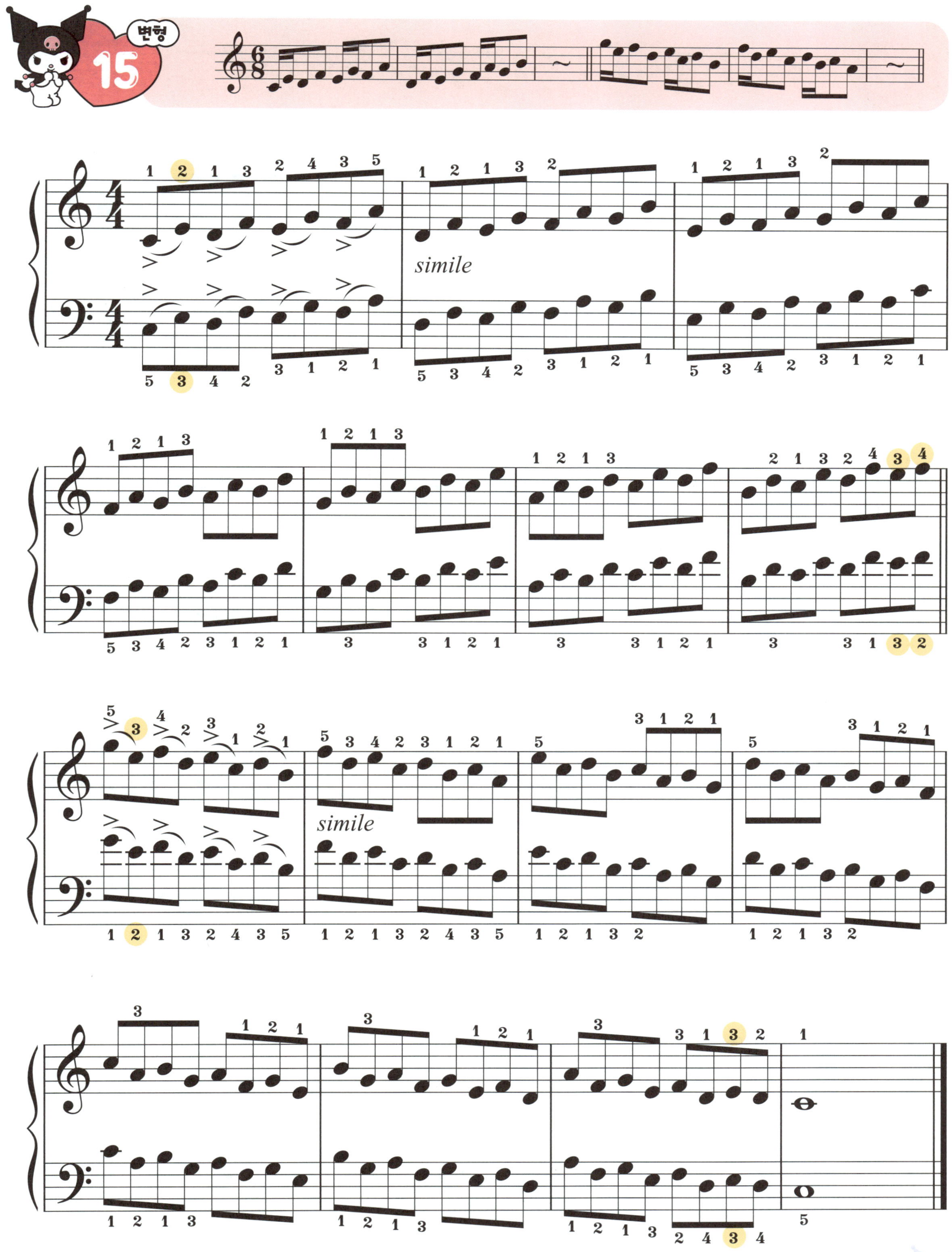
15
변형
simile
simile

3-5번 벌리기와 3, 4, 5번 고르게 치기 연습

16

16
변형

1-2, 2-4, 4-5번 벌리기와 3, 4, 5번 고르게 치기 연습

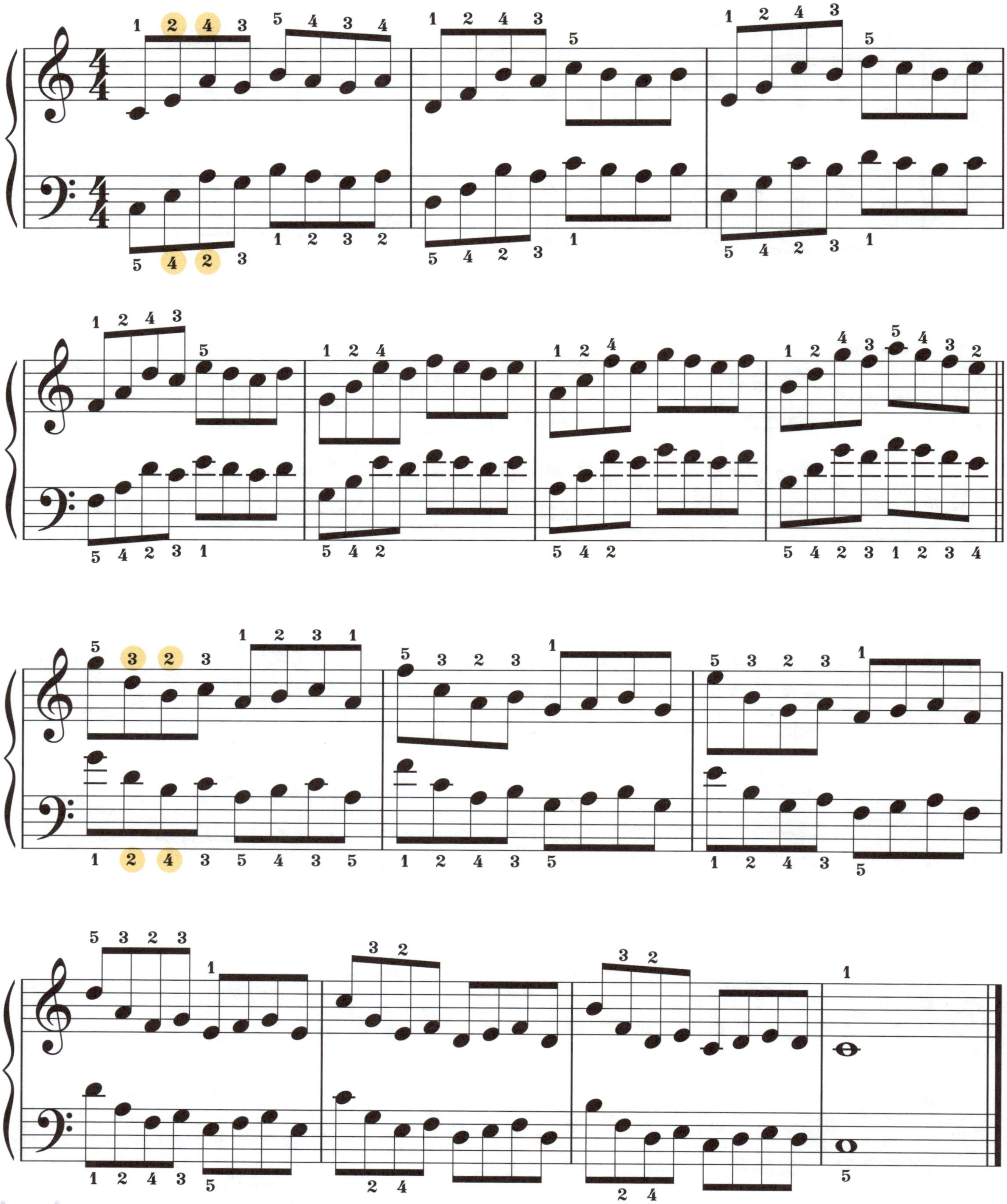

17
변형

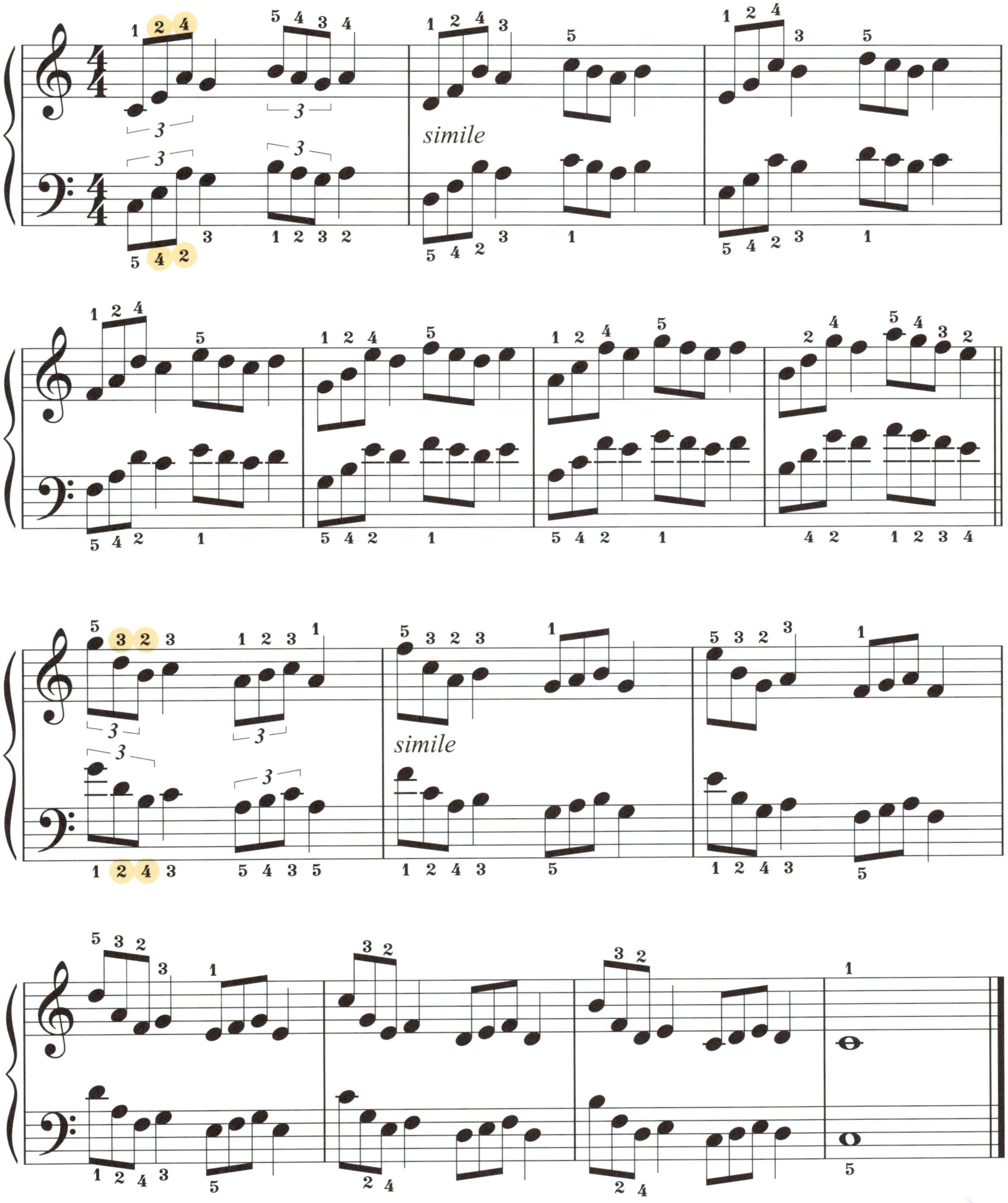
simile
simile

다섯 손가락을 위한 연습

18

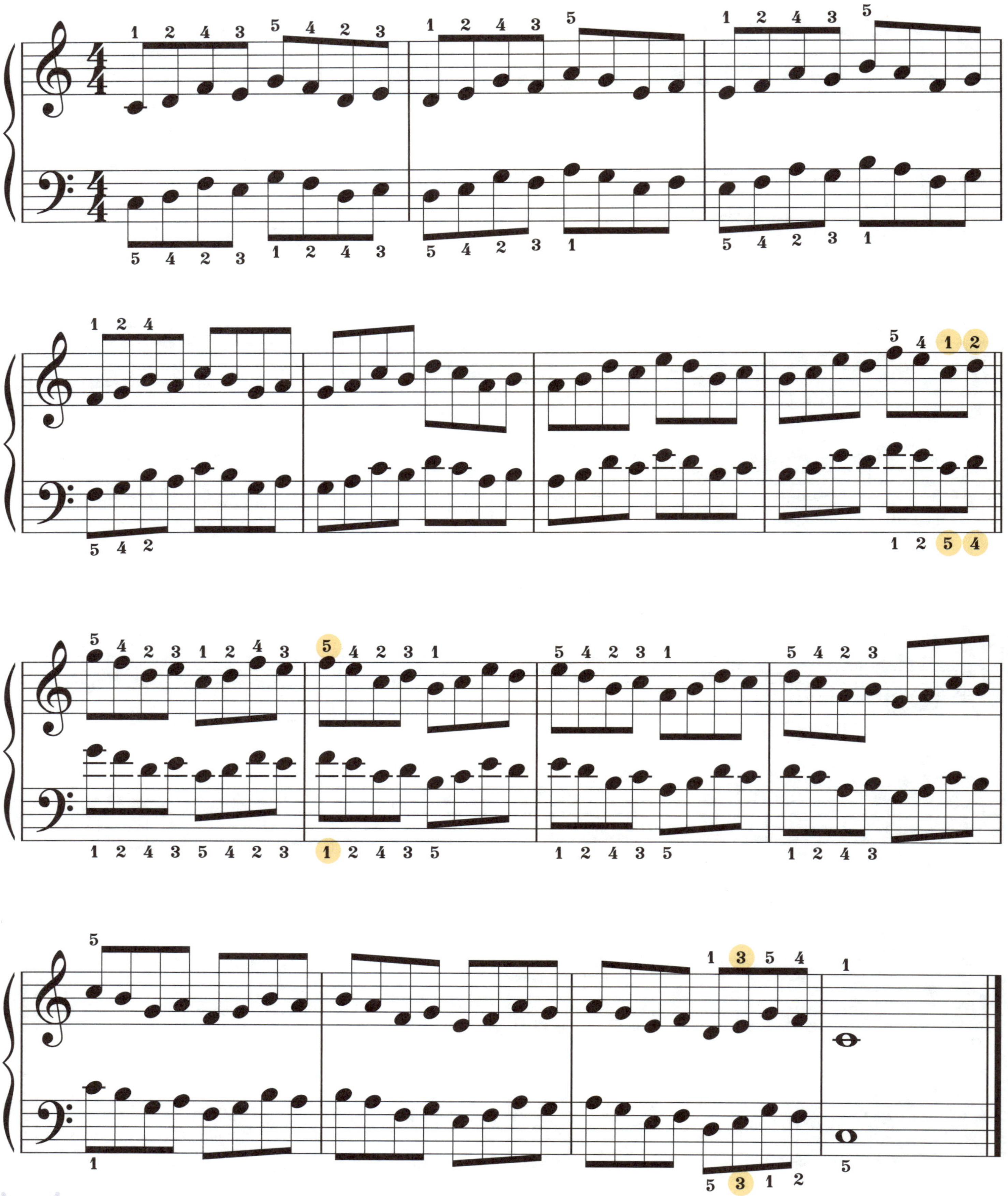

18 변형

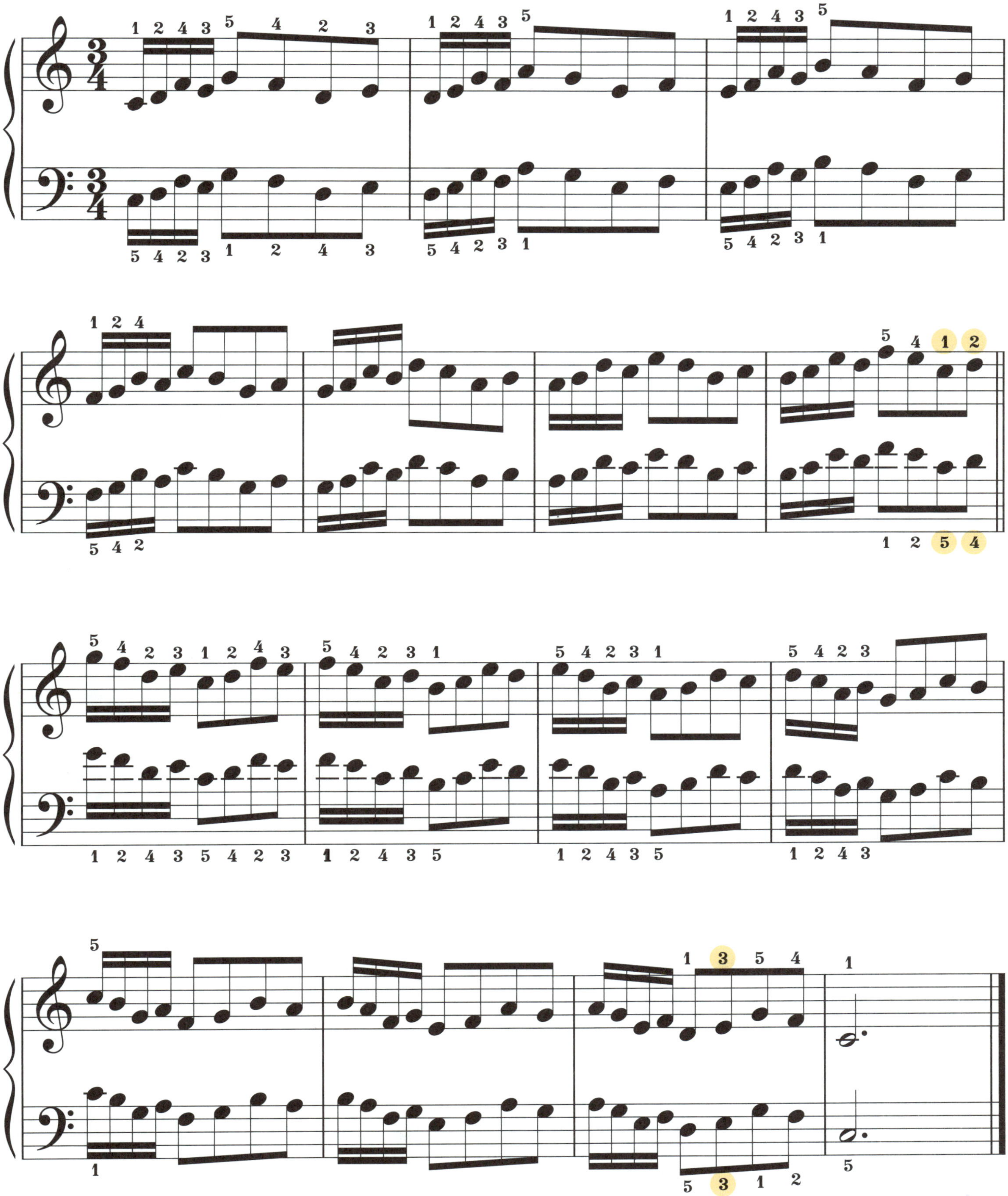

다섯 손가락을 위한 연습

19

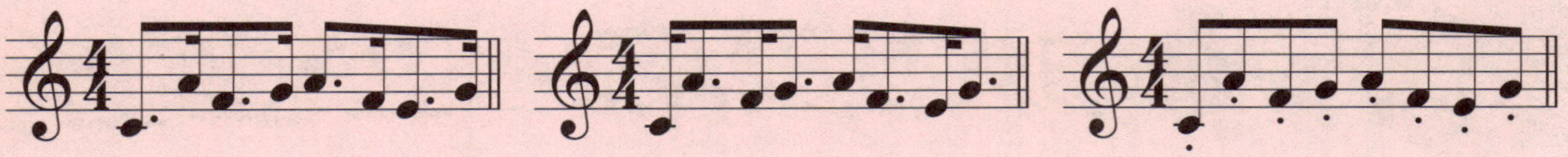

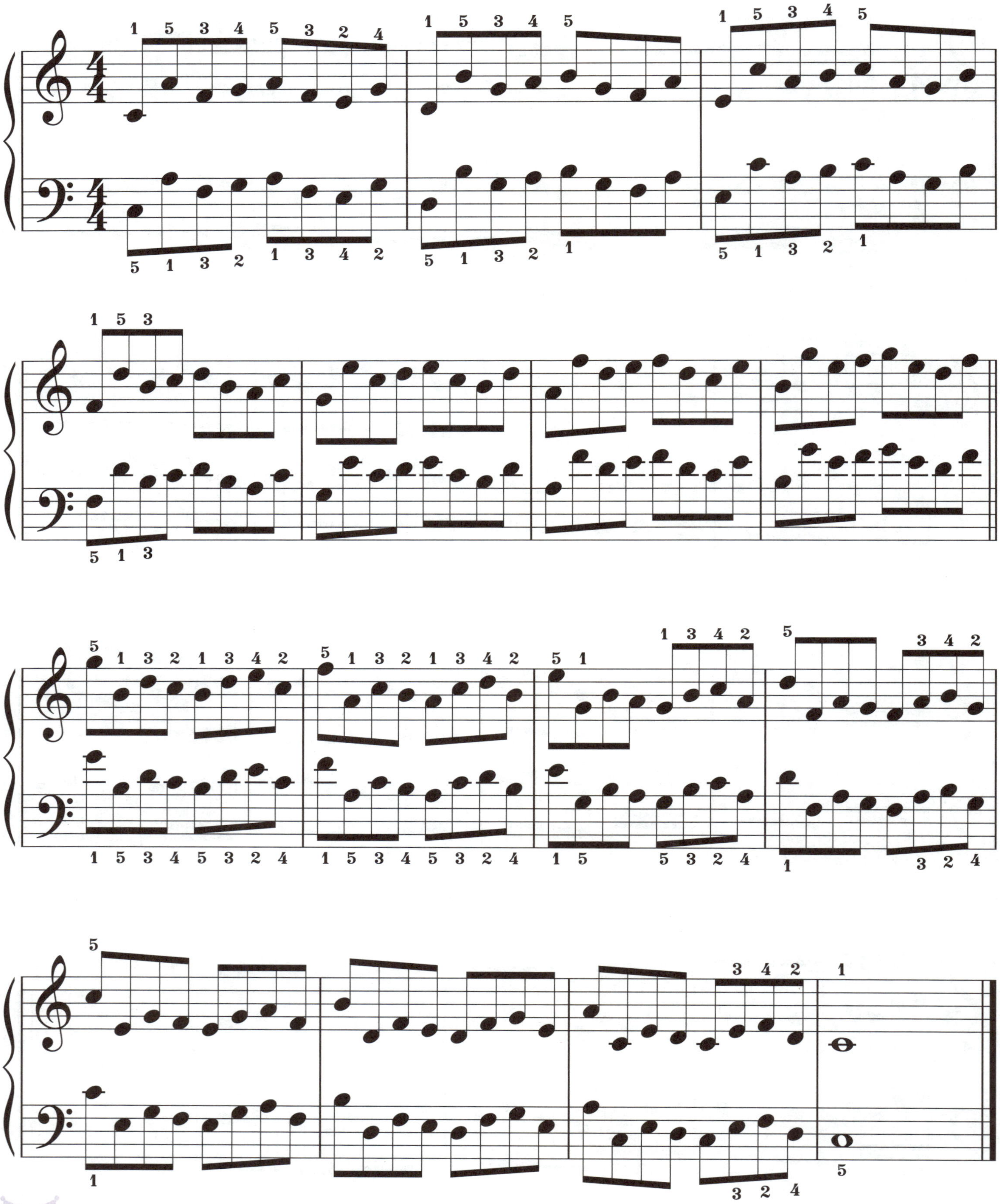

변형
19

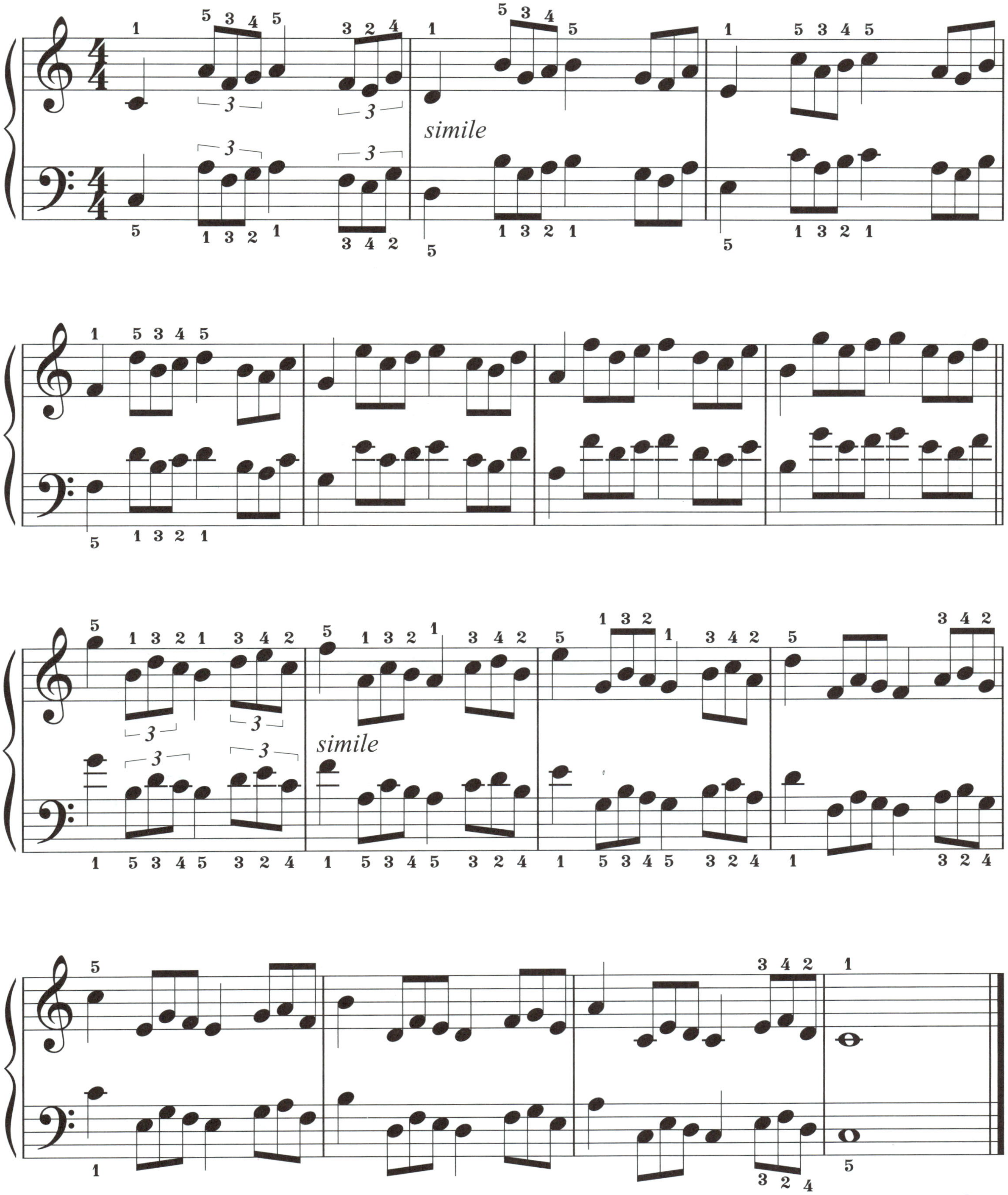
simile
simile

2-4, 4-5번 벌리기와 2, 3, 4번 고르게 치기 연습

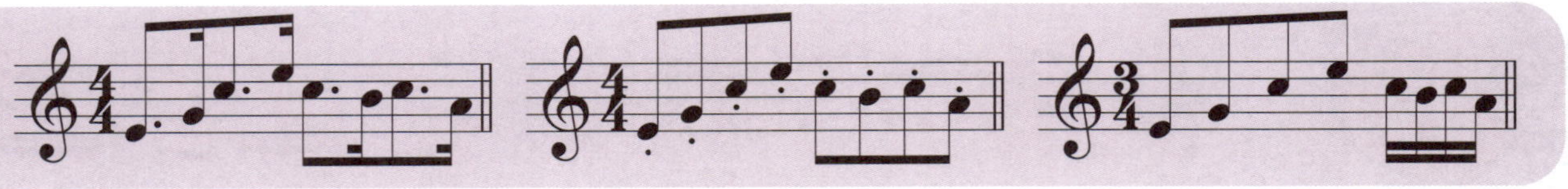

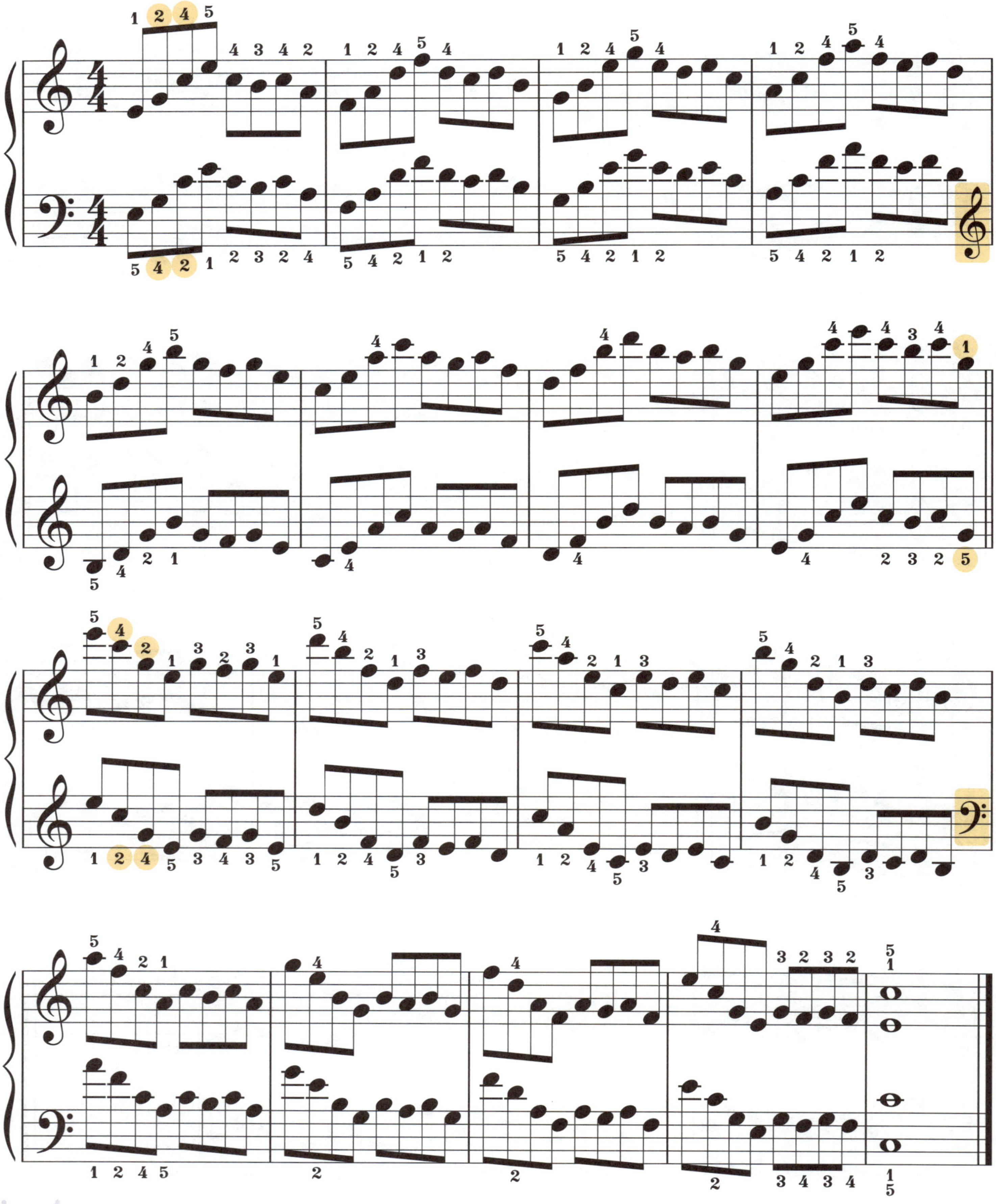

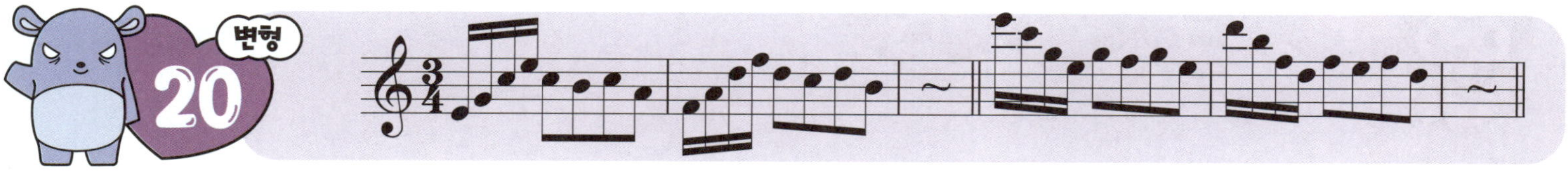
20
변형

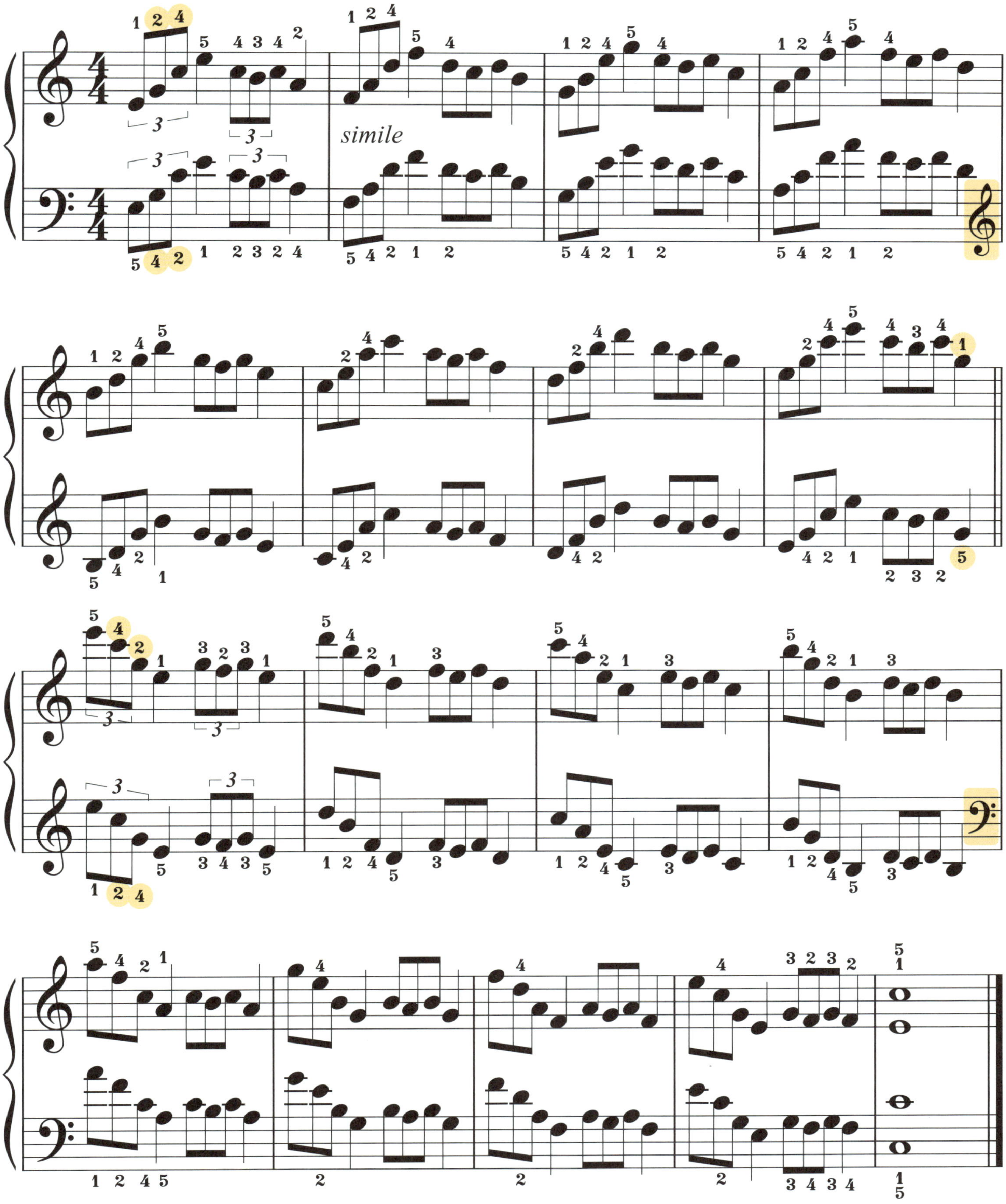
simile

쉬는 시간 1

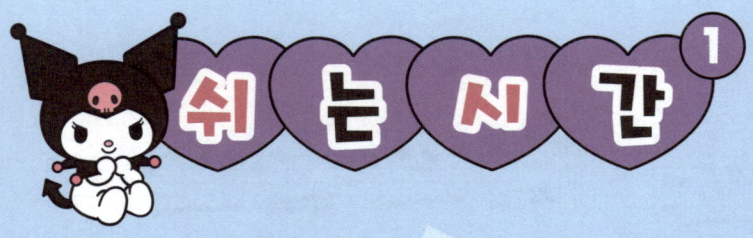

★ 쿠로미와 친구들을 예쁘게 색칠해 보세요.

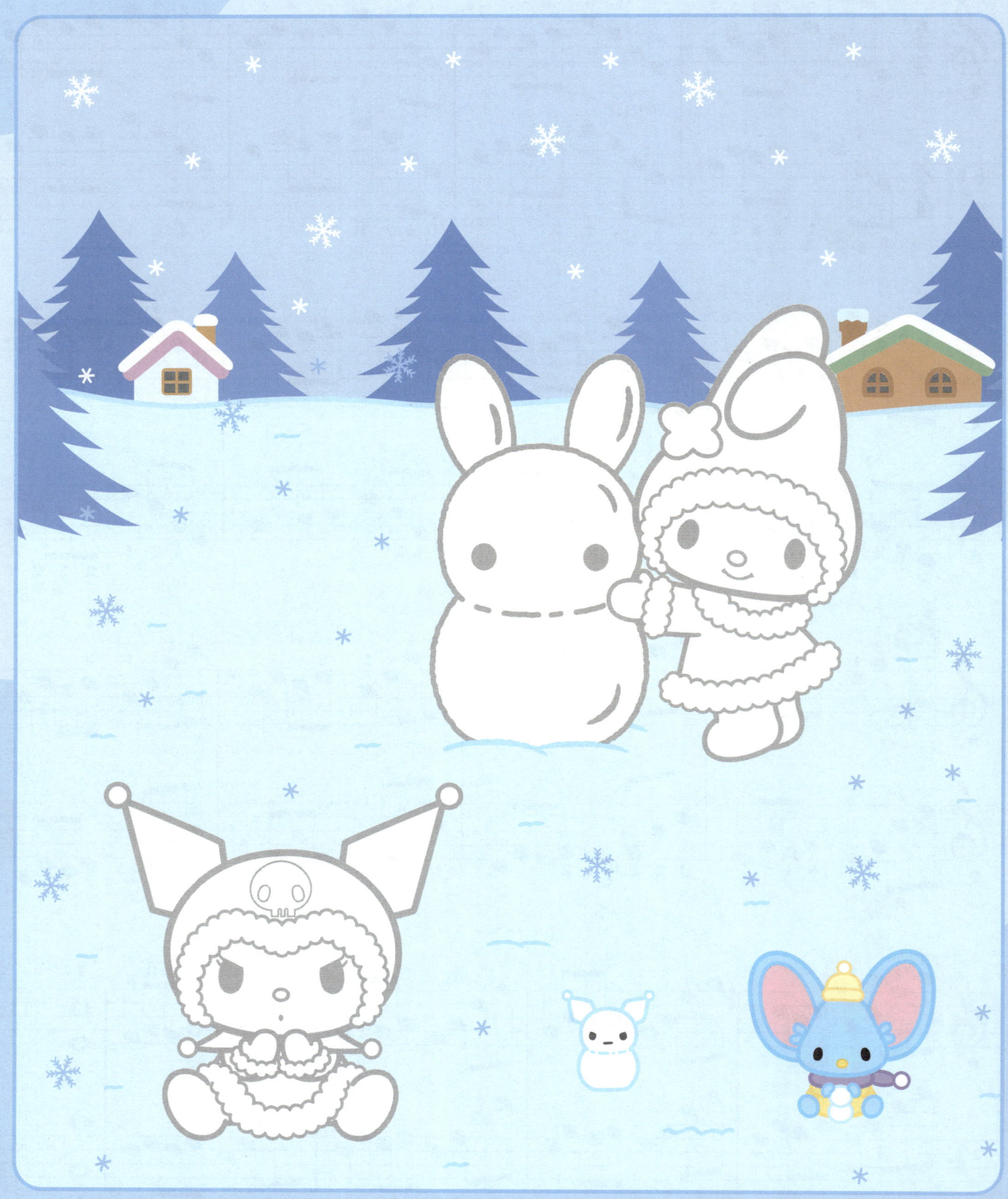

쉬는 시간 2

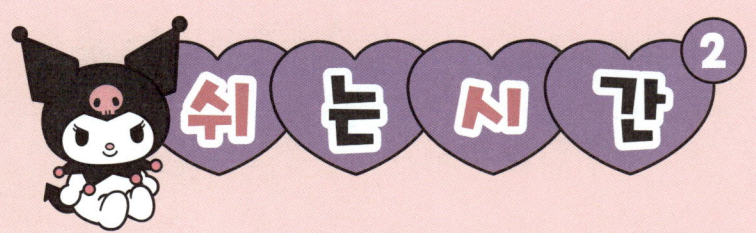

★ 똑같아 보이는 쿠로미 사이에 다른 쿠로미가 하나씩 섞여 있어요.
눈을 크게 뜨고 각 줄마다 다른 쿠로미 하나를 찾아 보세요.

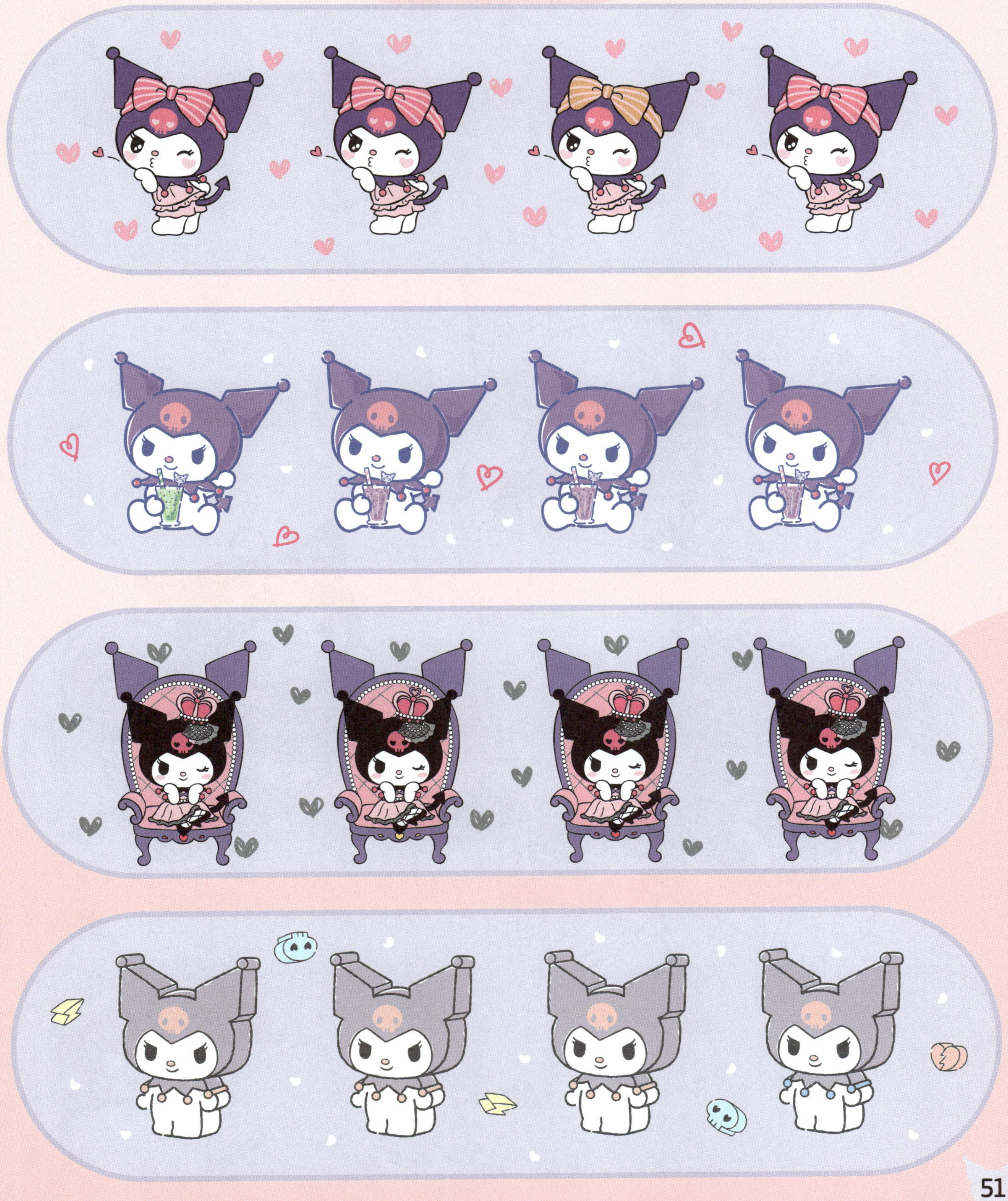

제2부

음계와 아르페지오 연습

21 다장조(C Major)

다장조(C Major) 음계

다장조(C Major) 아르페지오

22 가단조(a minor)

가단조(a minor) 가락 단음계

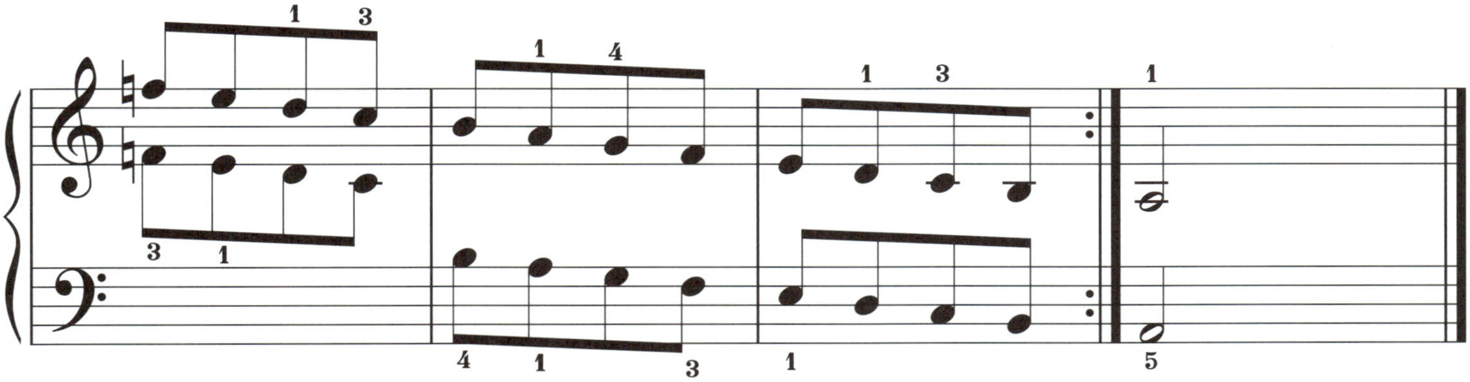

가단조(a minor) 아르페지오

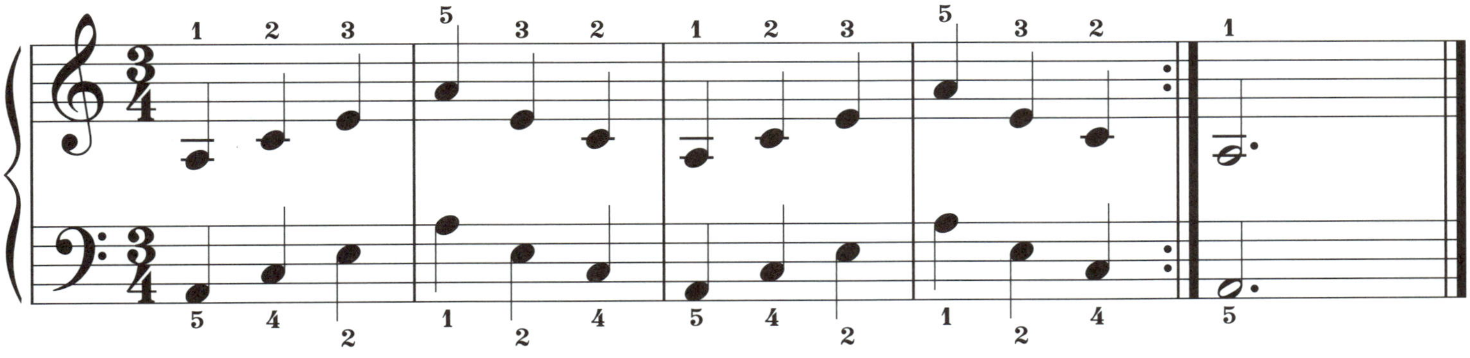

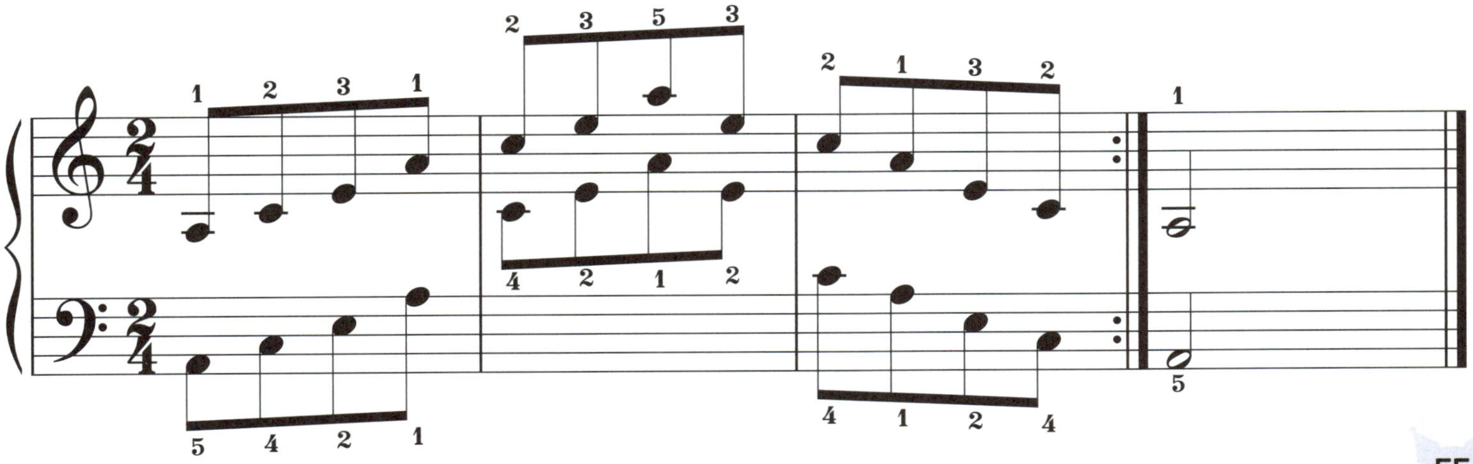

23 바장조(F Major)

바장조(F Major) 음계

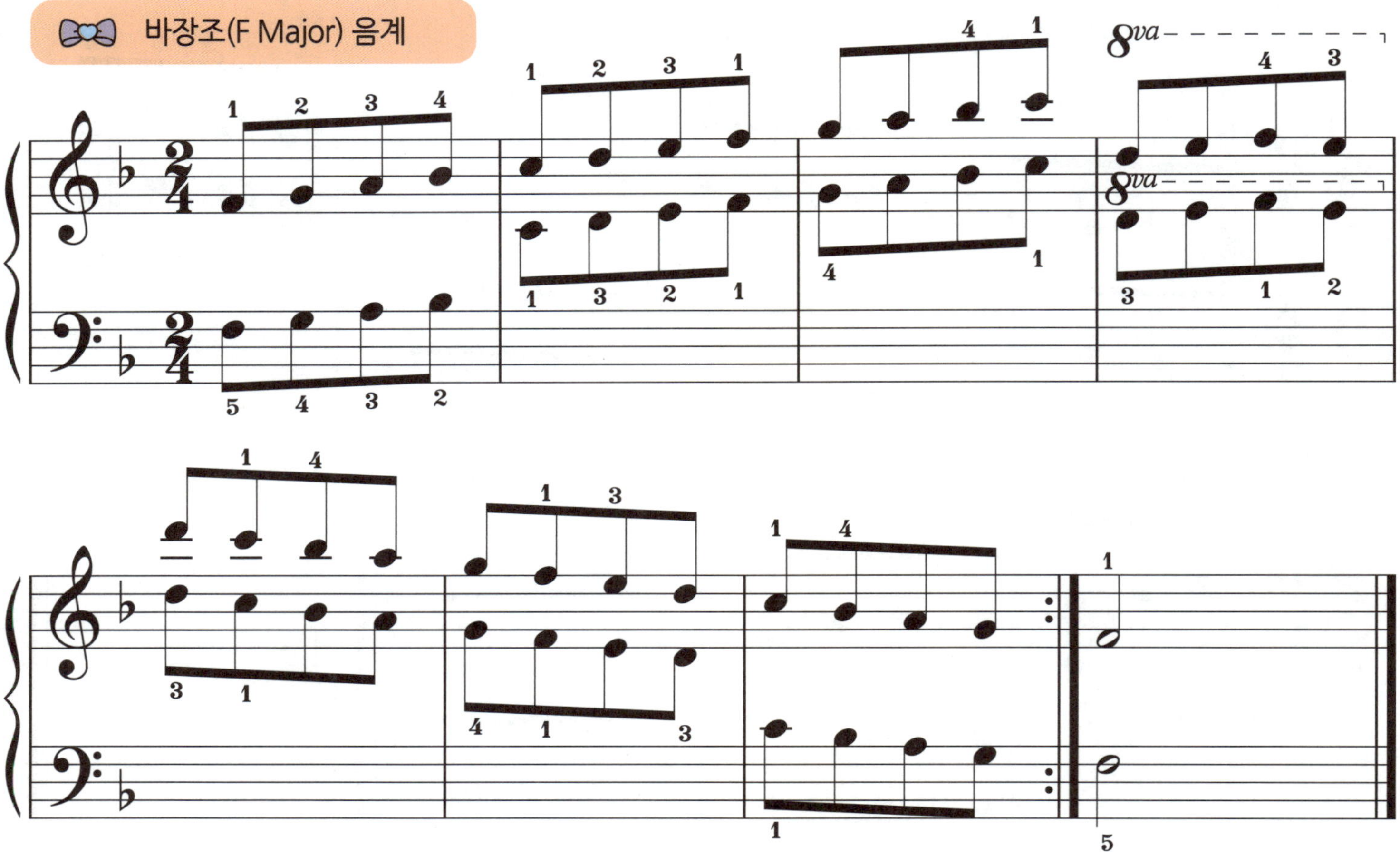

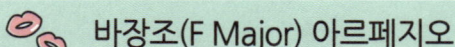

바장조(F Major) 아르페지오

24 라단조(d minor)

라단조(d minor) 가락 단음계

라단조(d minor) 아르페지오

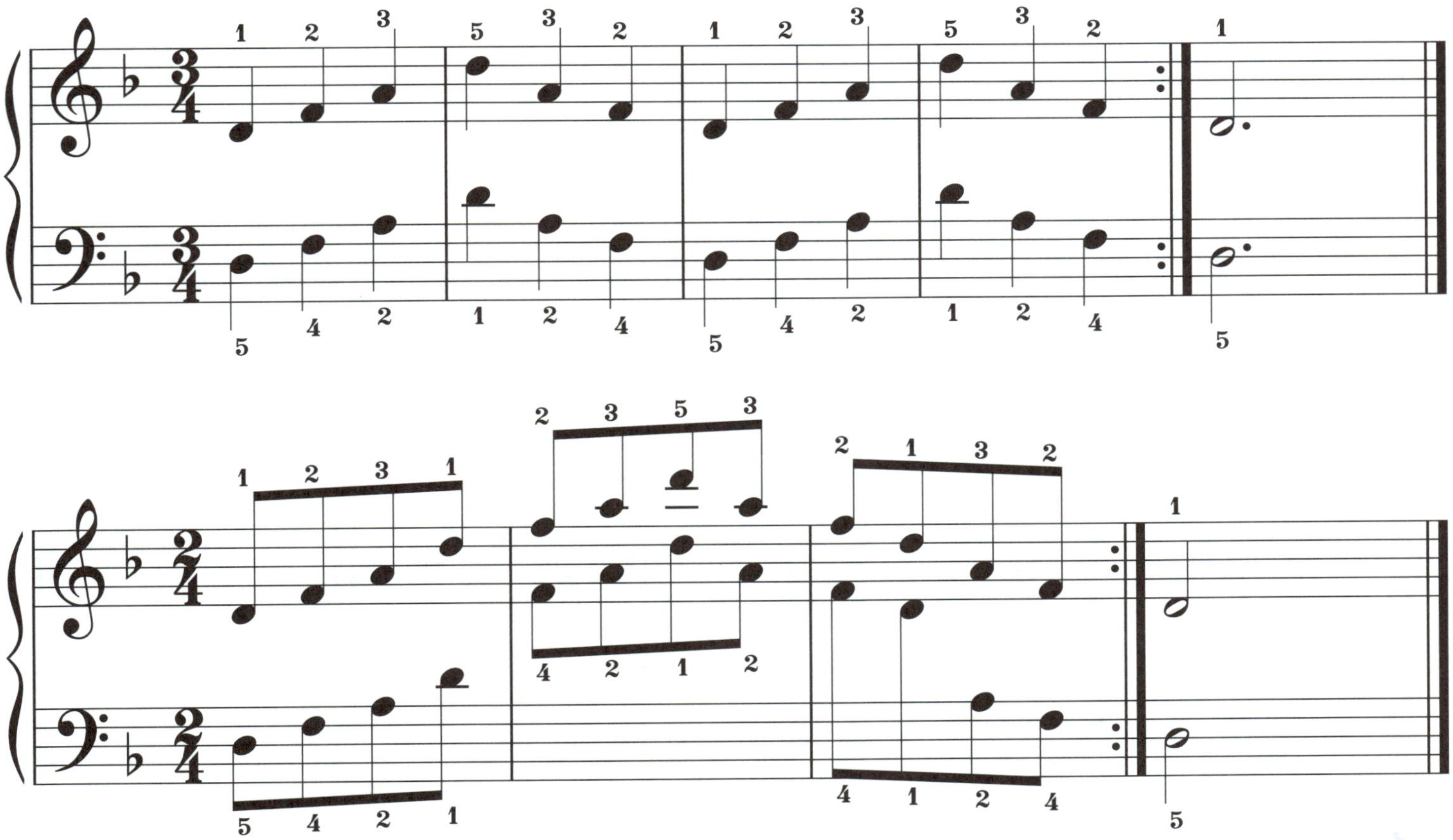

25 사장조(G Major)

사장조(G Major) 음계

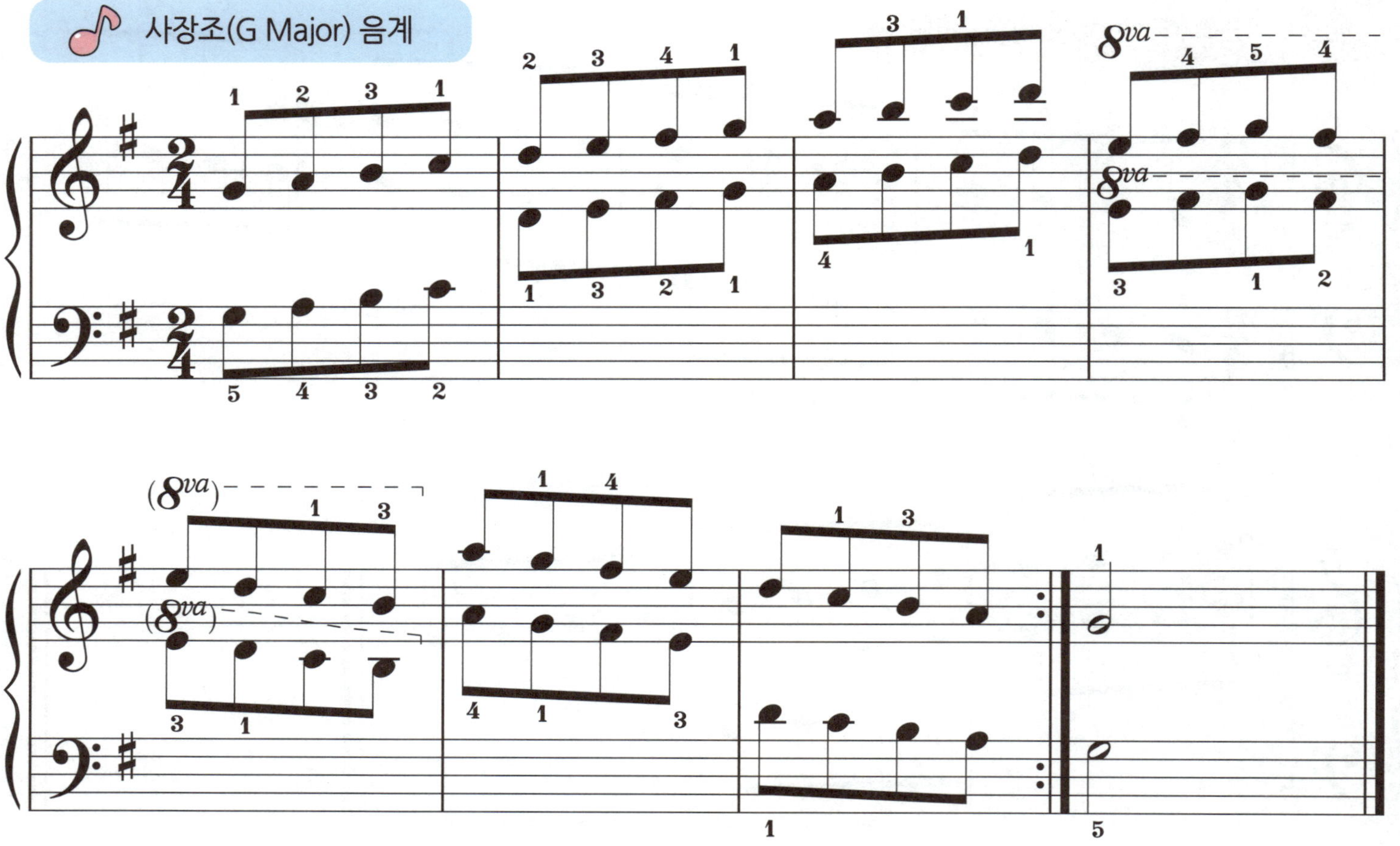

사장조(G Major) 아르페지오

26 마단조(e minor)

마단조(e minor) 가락 단음계

마단조(e minor) 아르페지오

27 내림나장조(B♭ Major)

내림나장조(B♭ Major) 음계

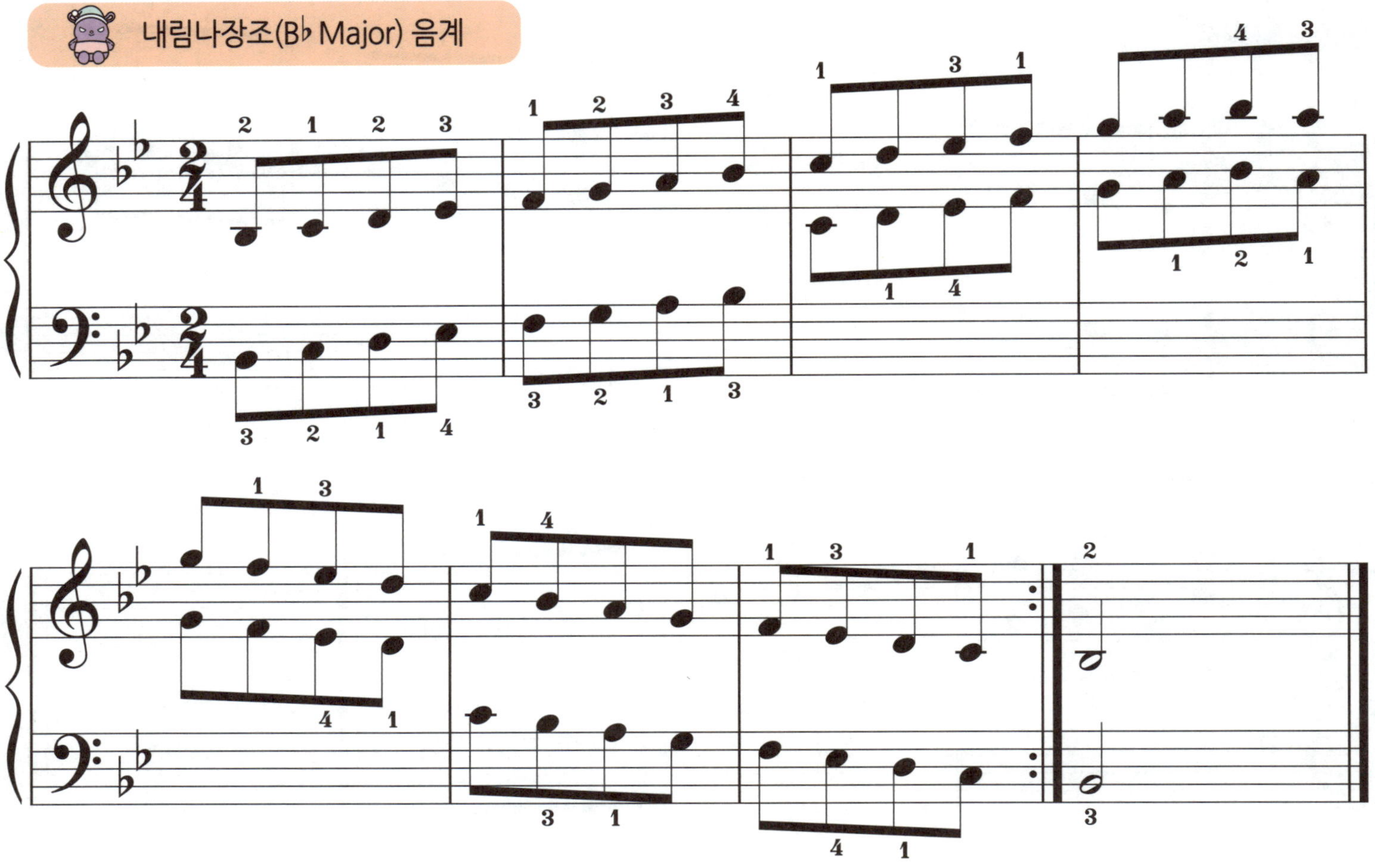

내림나장조(B♭ Major) 아르페지오

28 사단조(g minor)

사단조(g minor) 가락 단음계

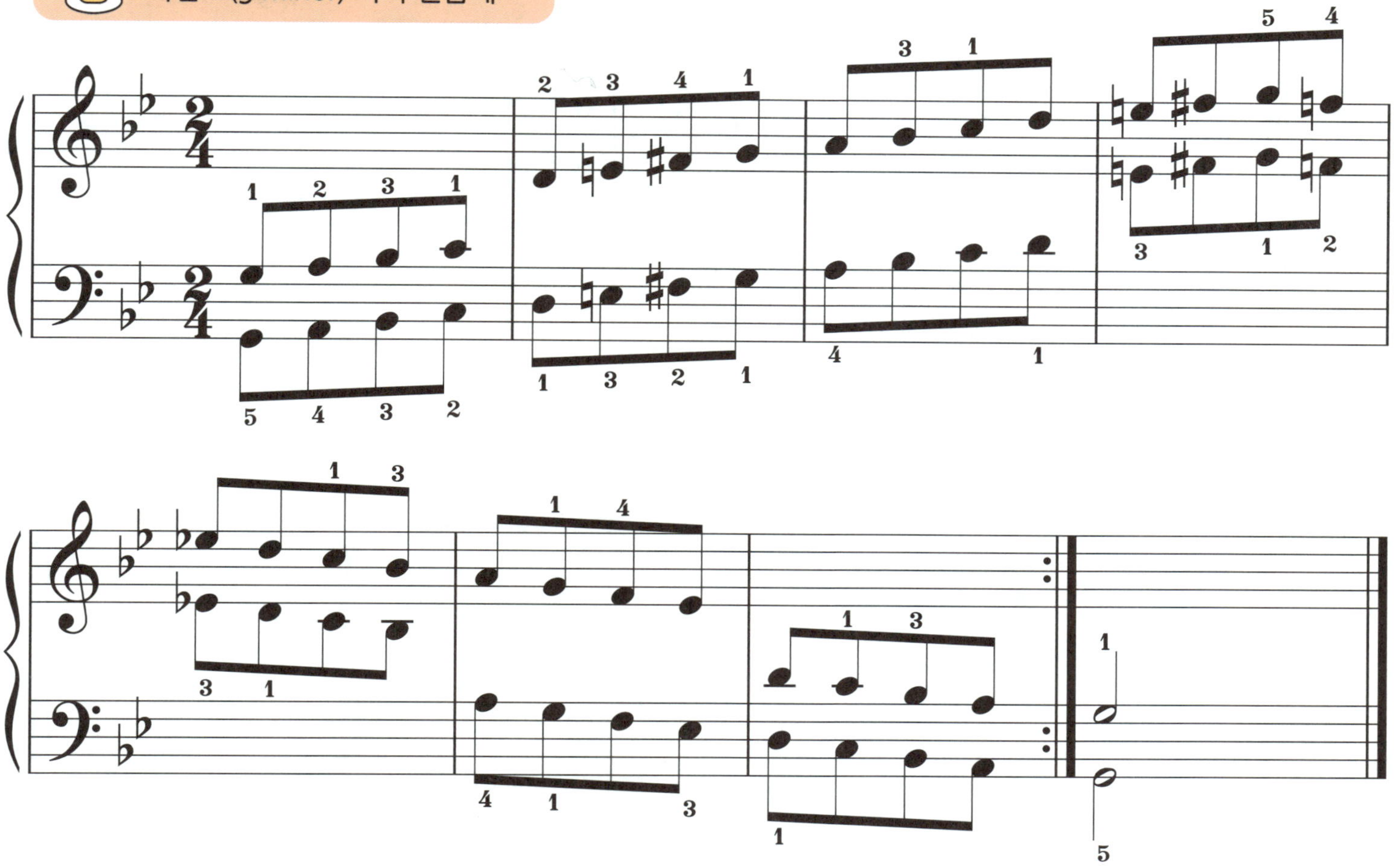

사단조(g minor) 아르페지오

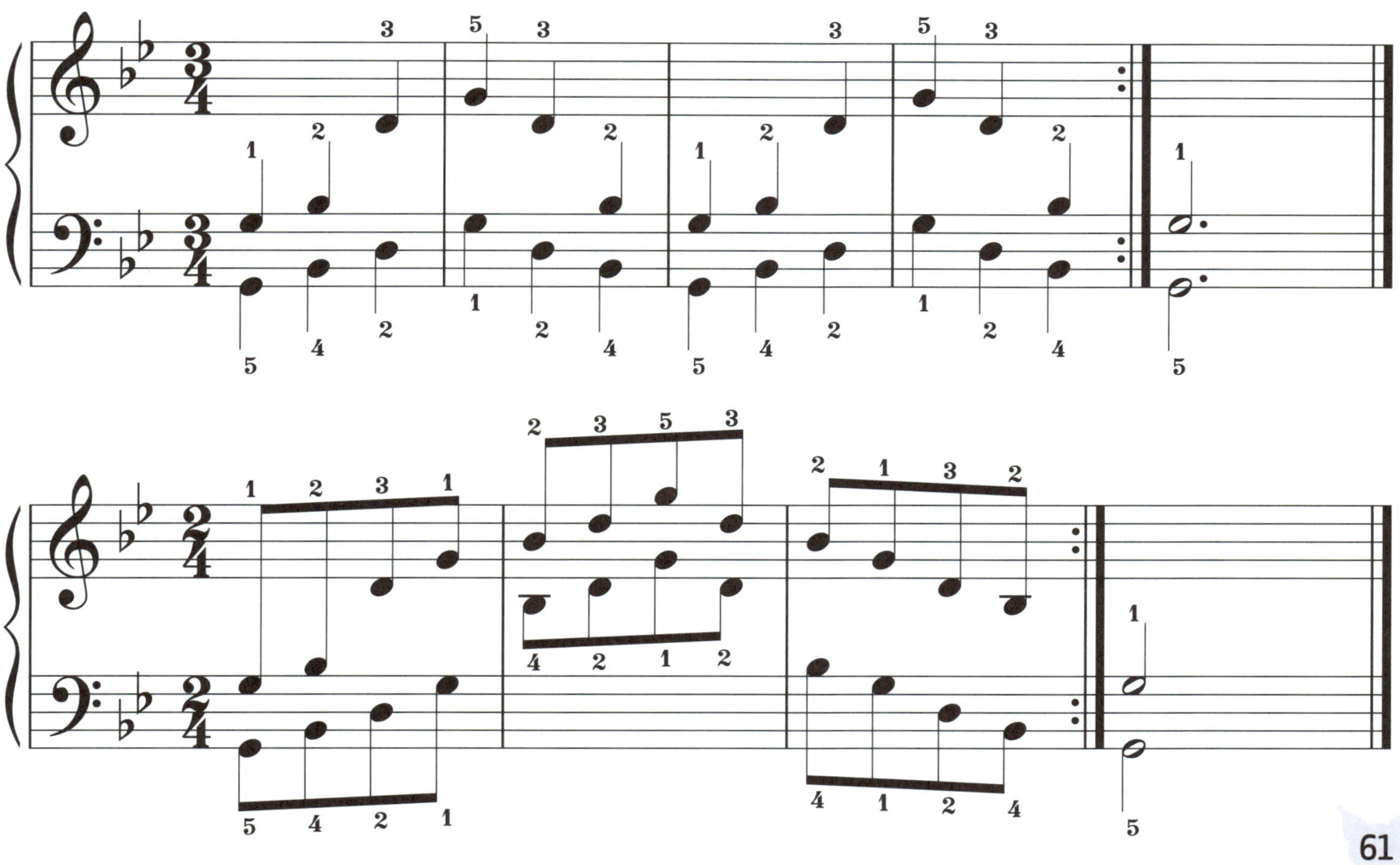

29 라장조(D Major)

라장조(D Major) 음계

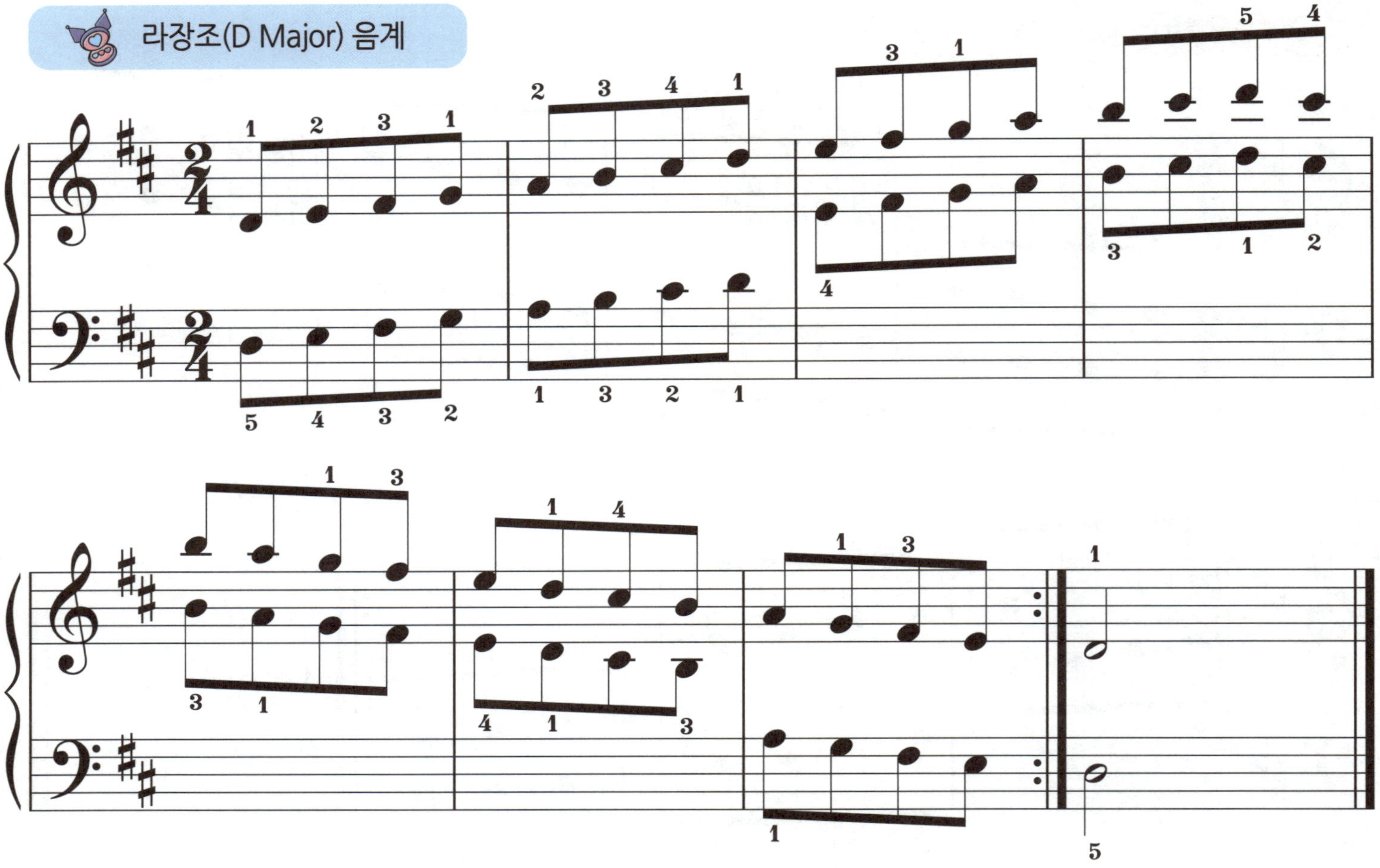

라장조(D Major) 아르페지오

30 나단조(b minor)

나단조(b minor) 가락 단음계

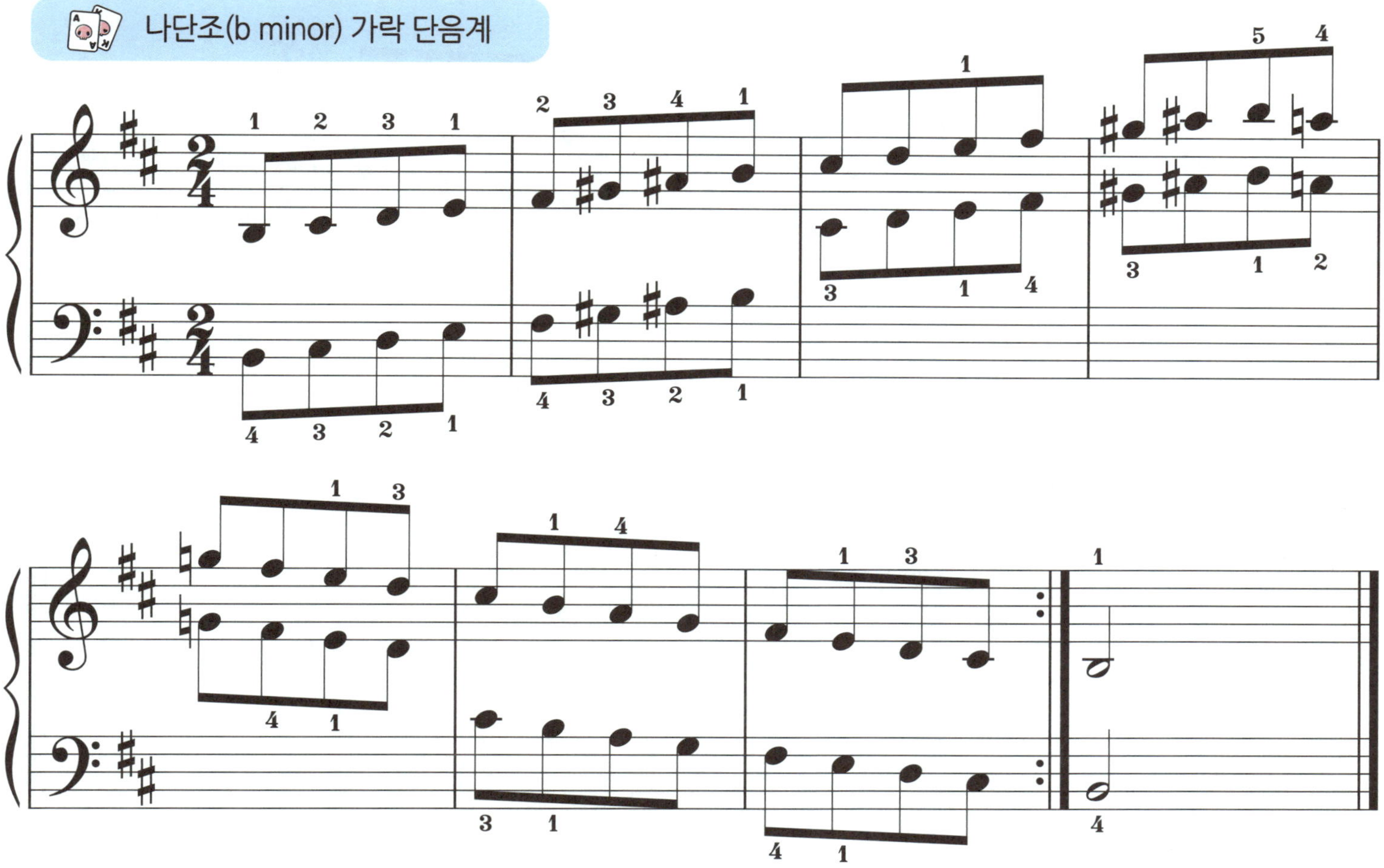

나단조(b minor) 아르페지오

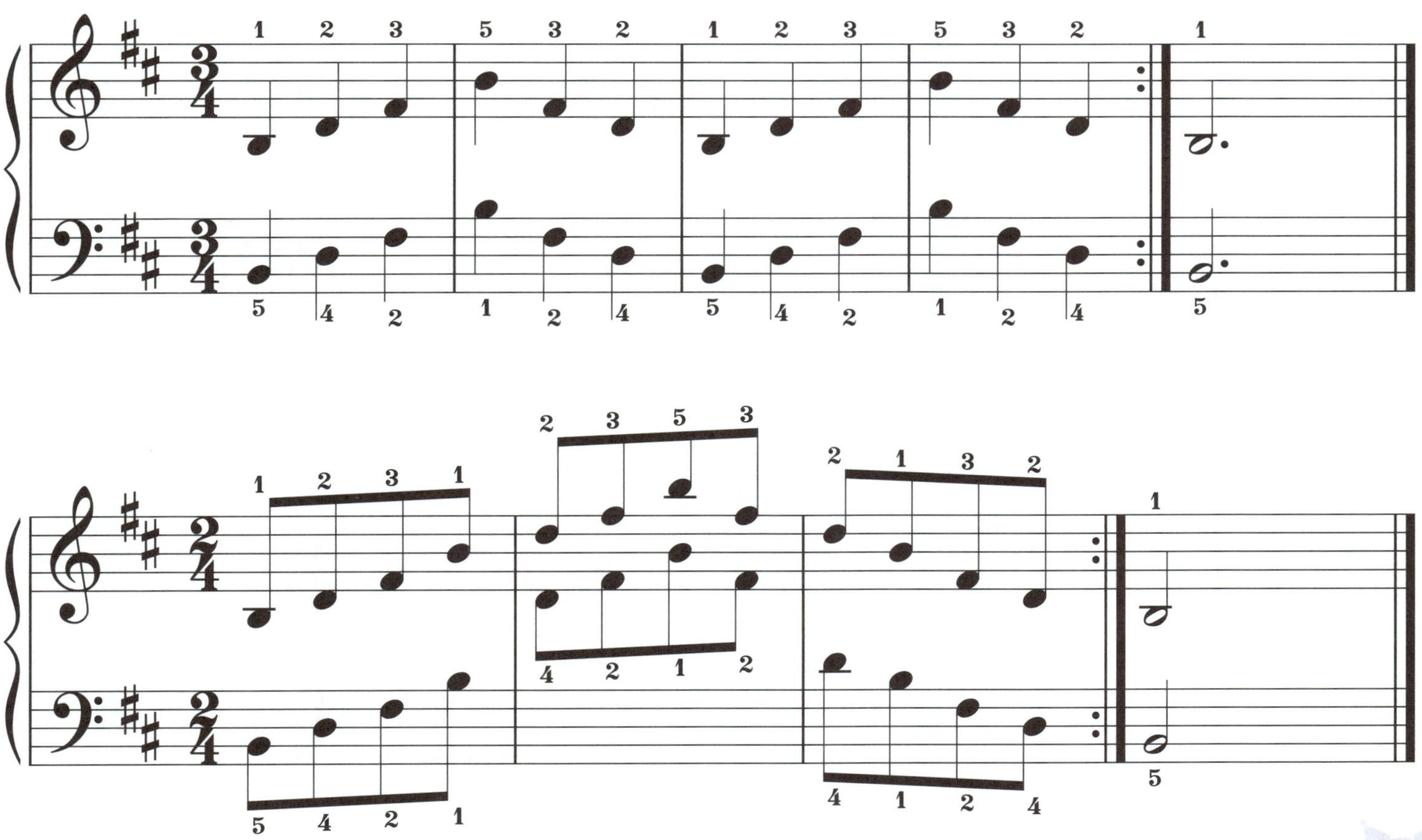

31 내림마장조(E♭ Major)

내림마장조(E♭ Major) 음계

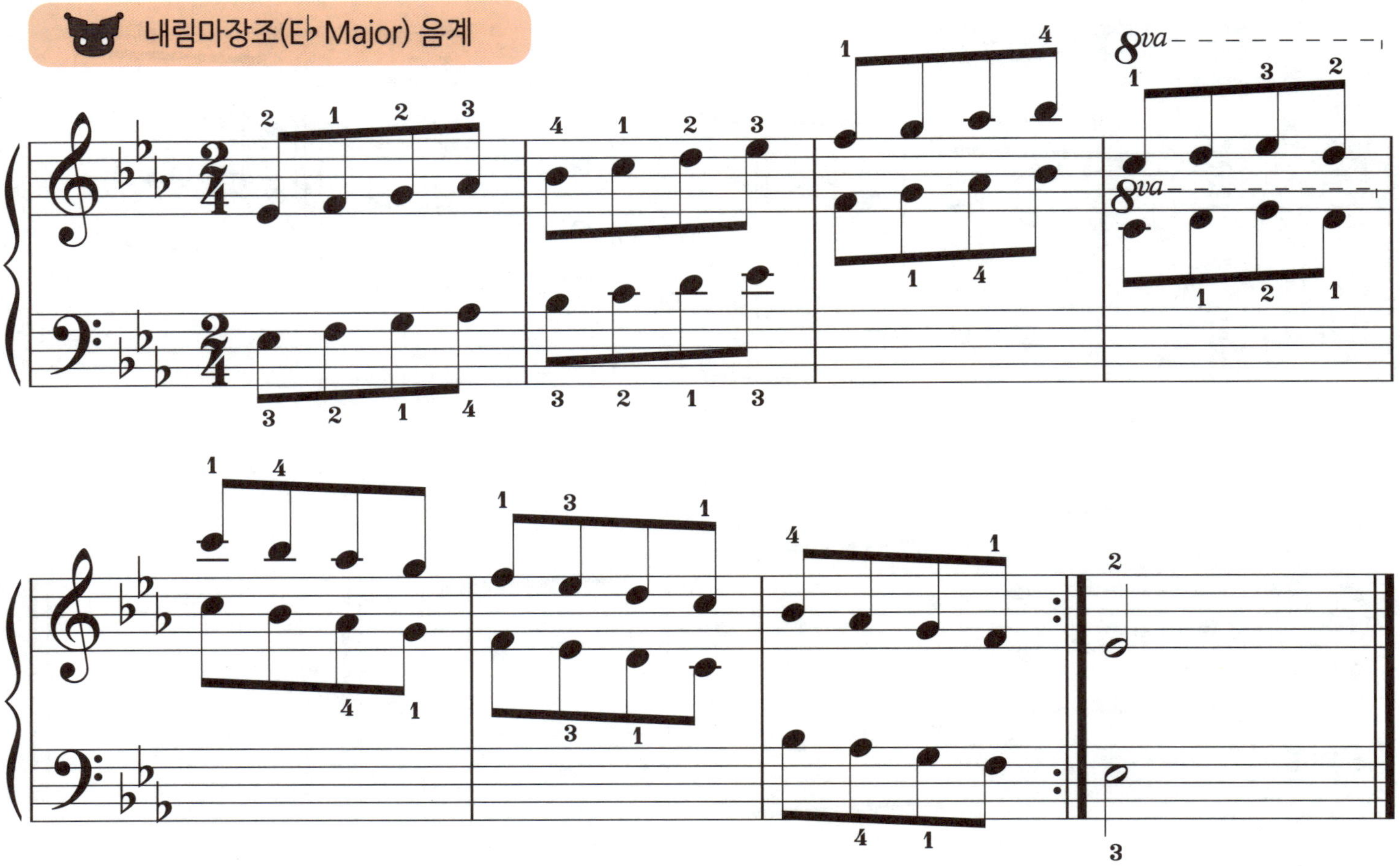

내림마장조(E♭ Major) 아르페지오

32 다단조(c minor)

다단조(c minor) 가락 단음계

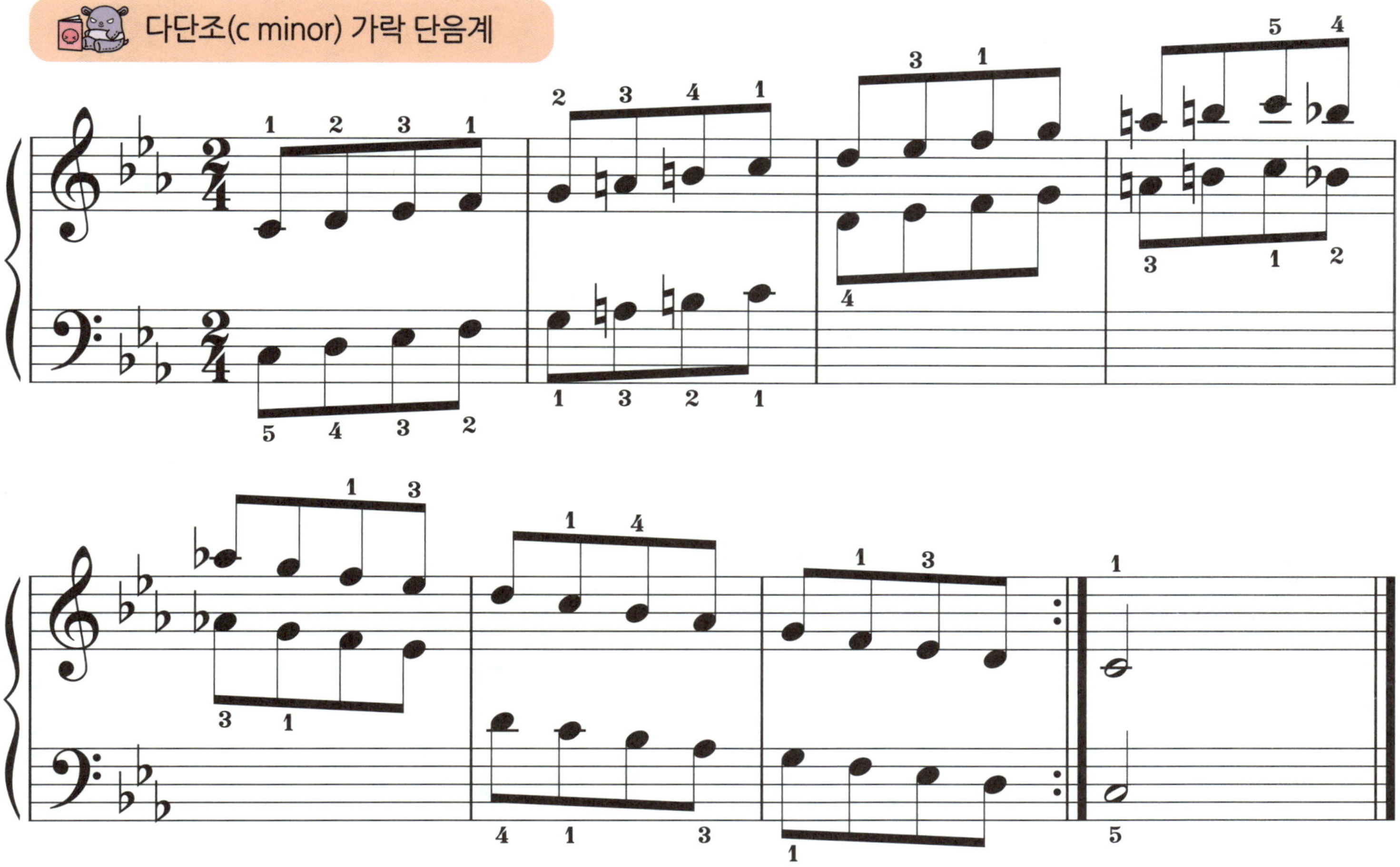

다단조(c minor) 아르페지오

33 가장조(A Major)

가장조(A Major) 음계

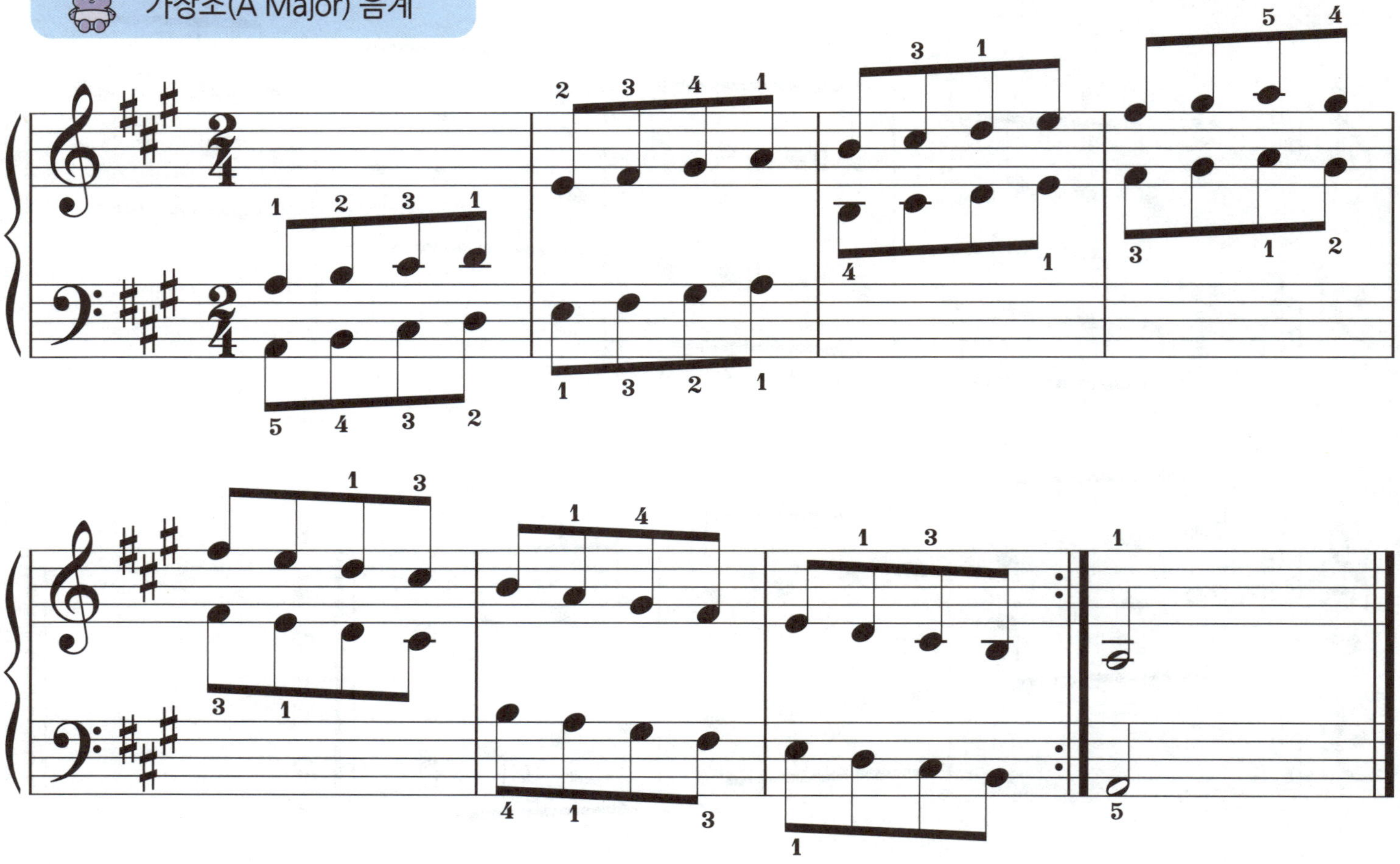

가장조(A Major) 아르페지오

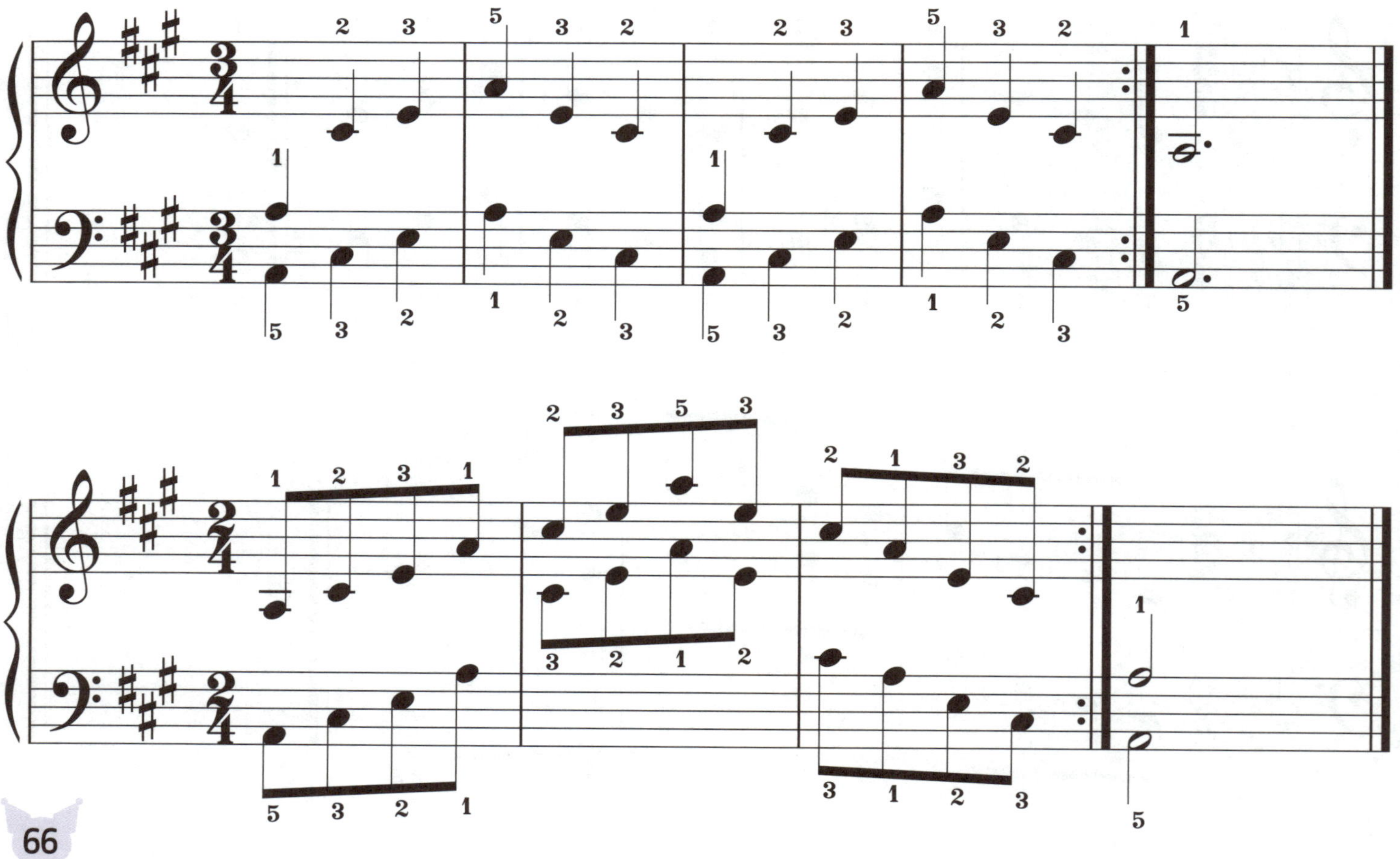

34 올림바단조(f♯ minor)

올림바단조(f♯ minor) 가락 단음계

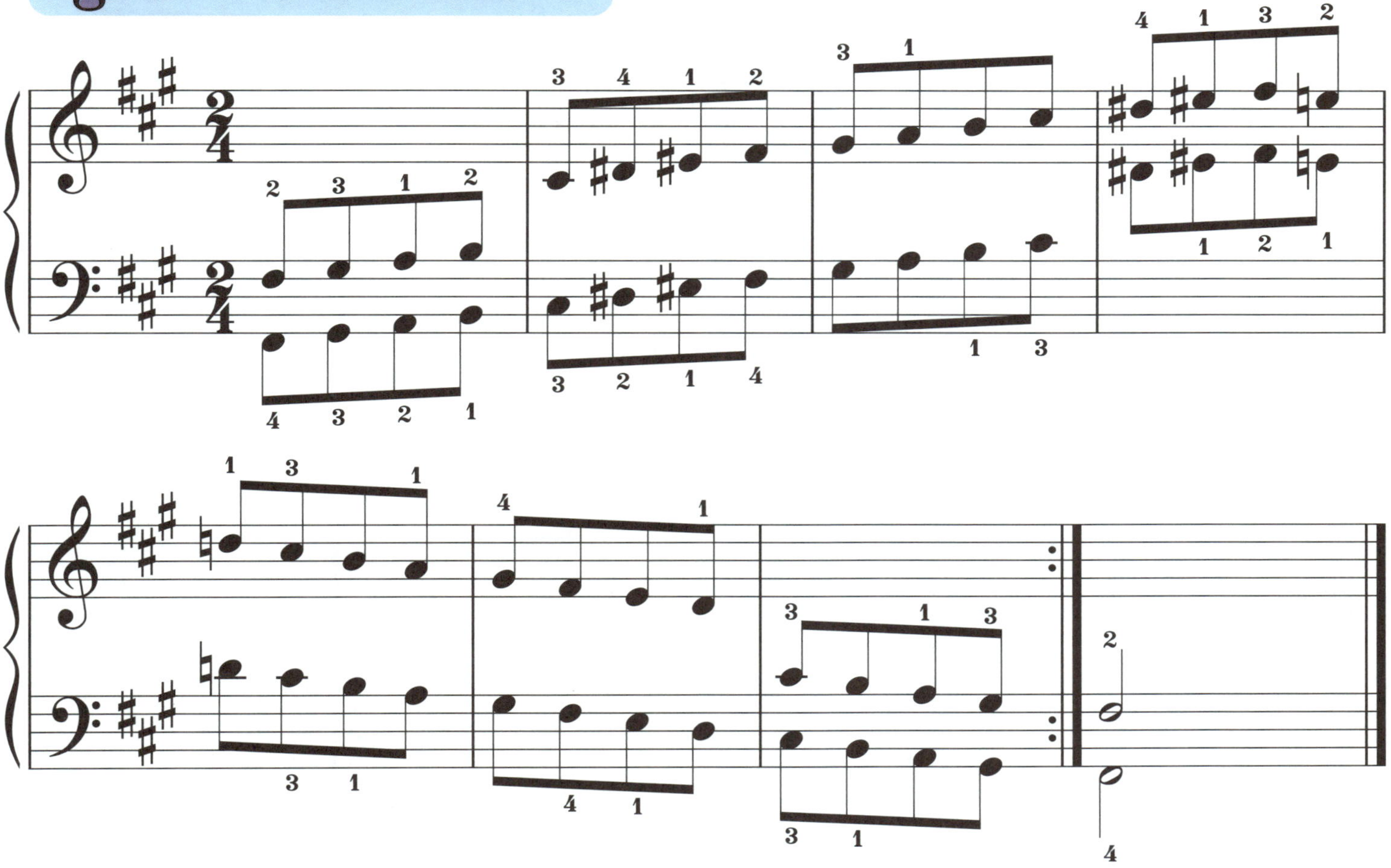

올림바단조(f♯ minor) 아르페지오

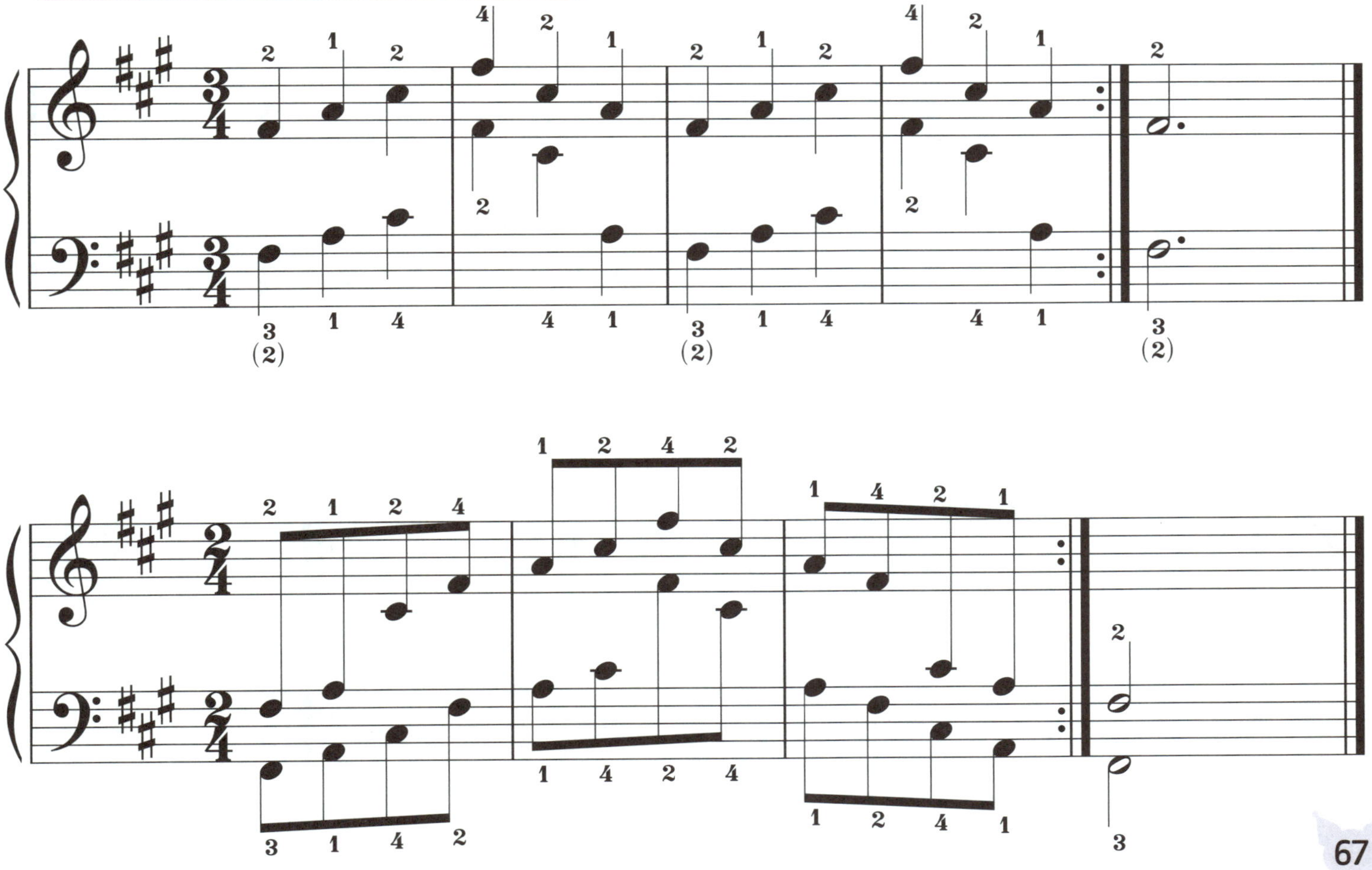

35 내림가장조(A♭ Major)

내림가장조(A♭ Major) 음계

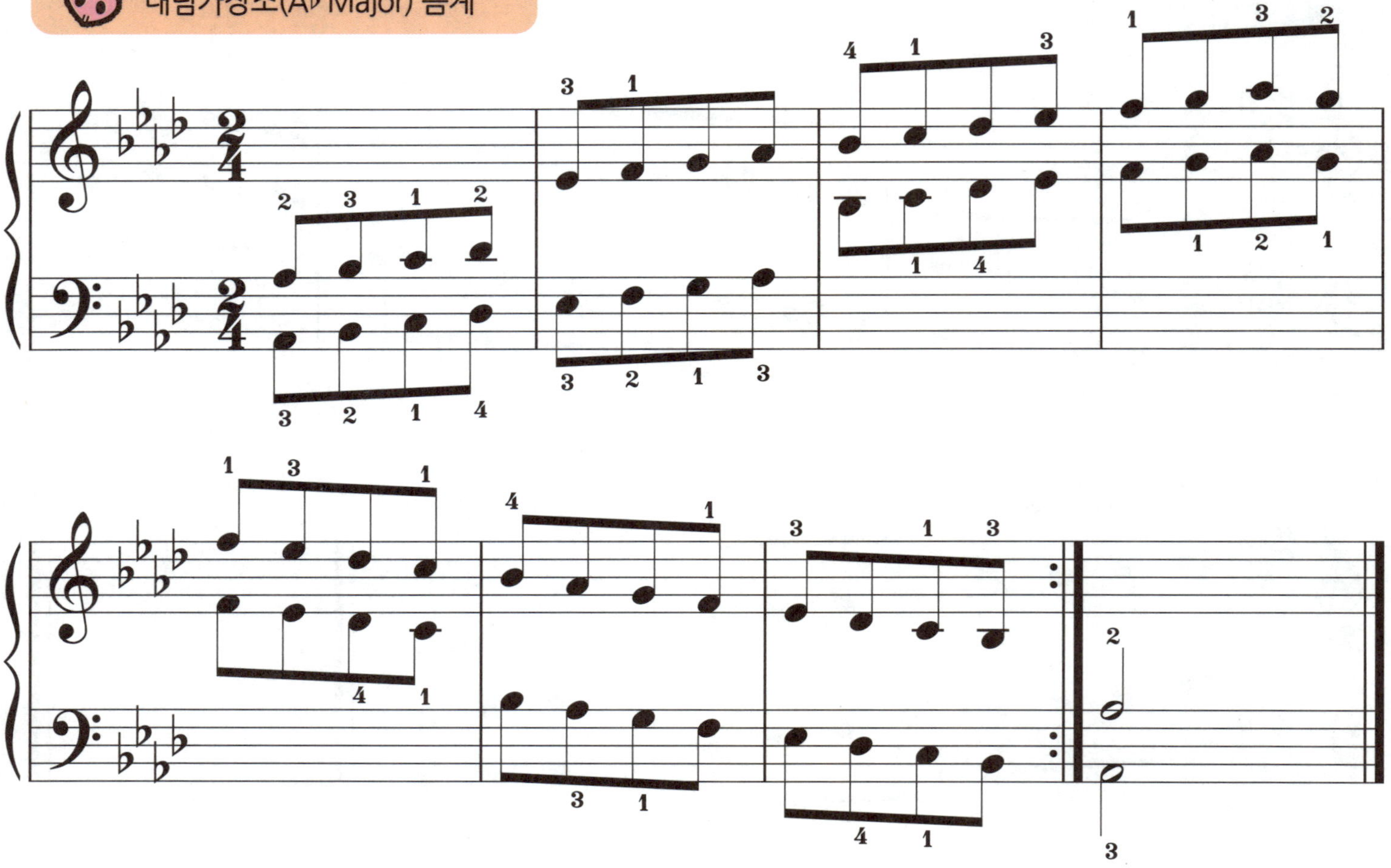

내림가장조(A♭ Major) 아르페지오

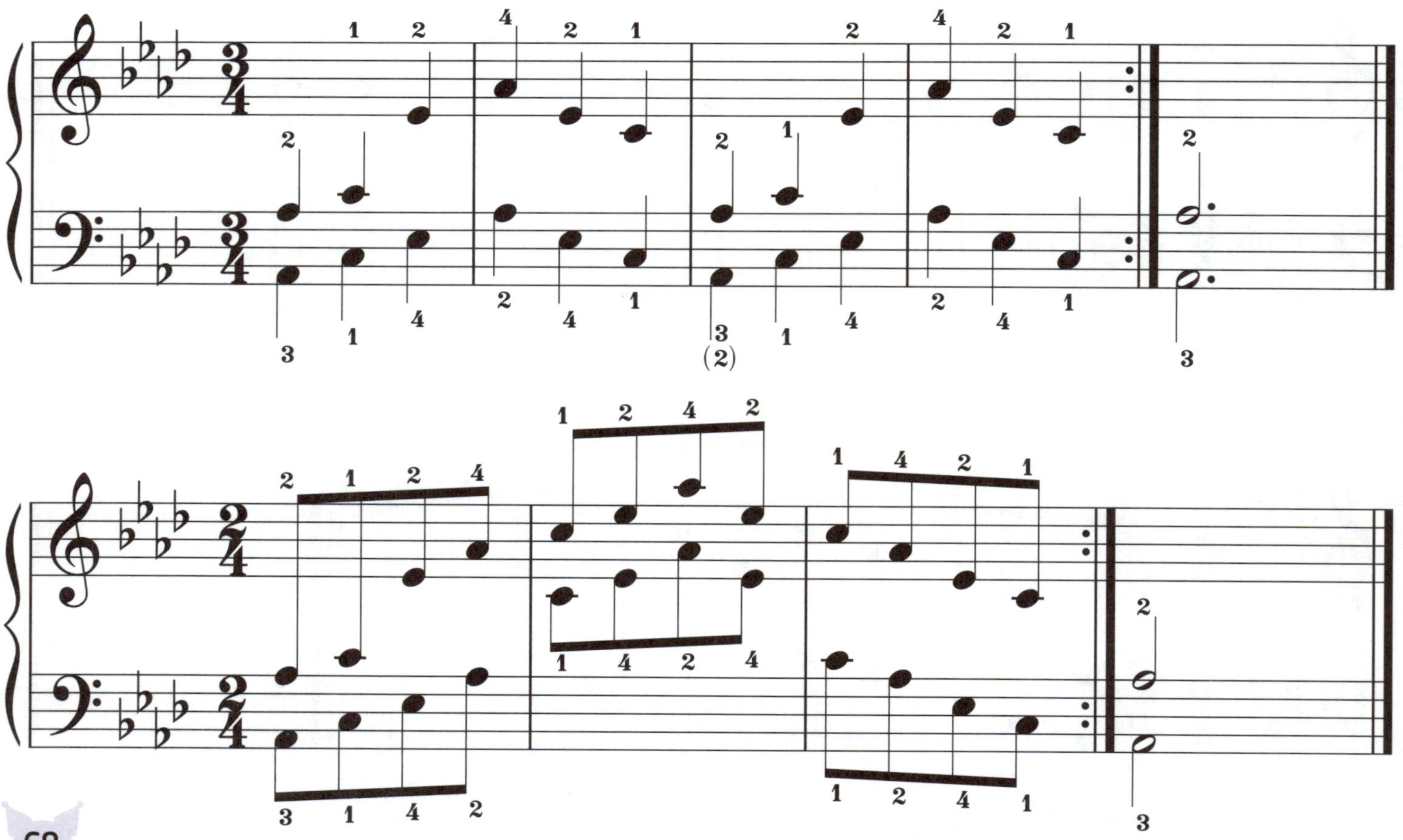

36 바단조(f minor)

바단조(f minor) 가락 단음계

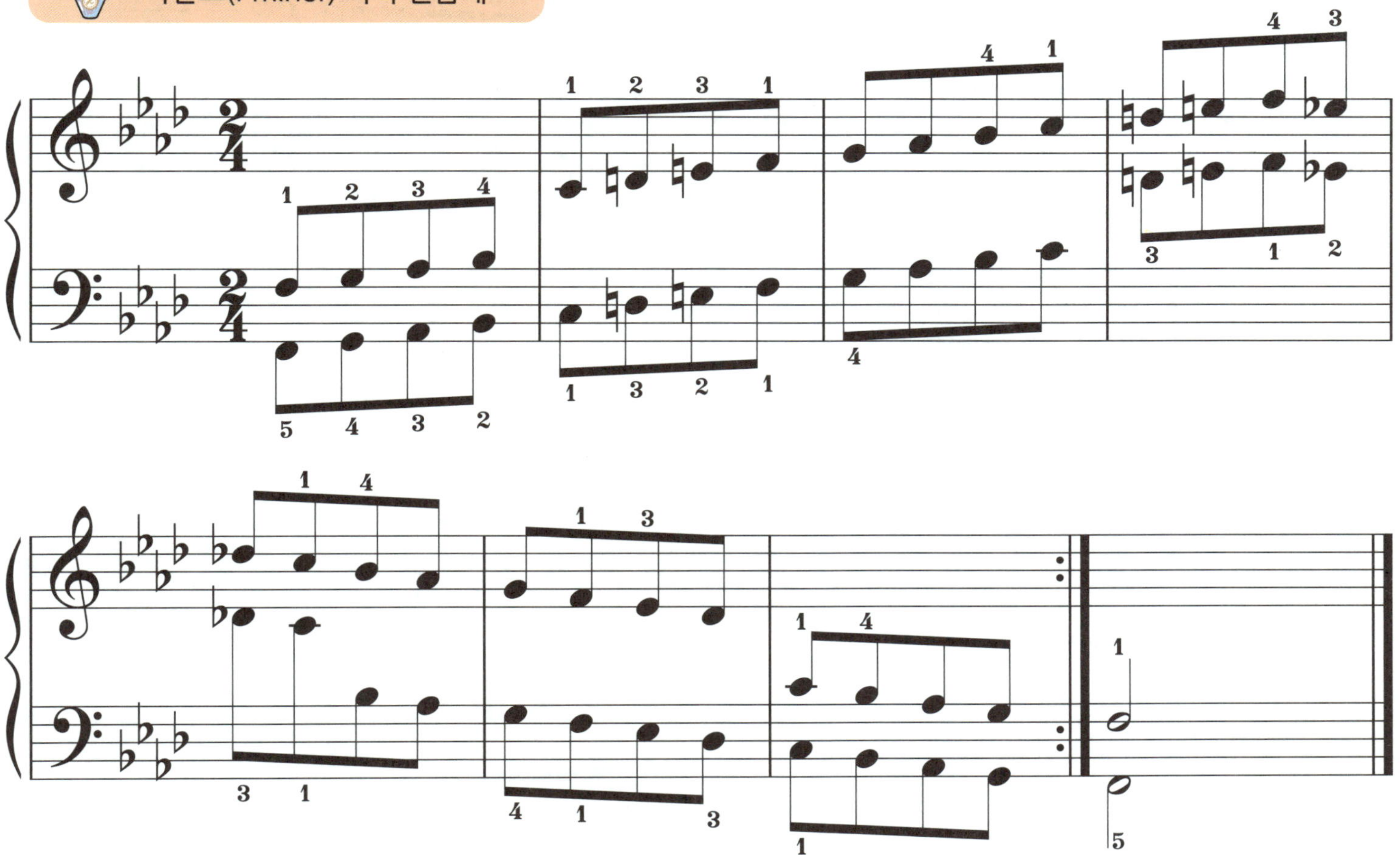

바단조(f minor) 아르페지오

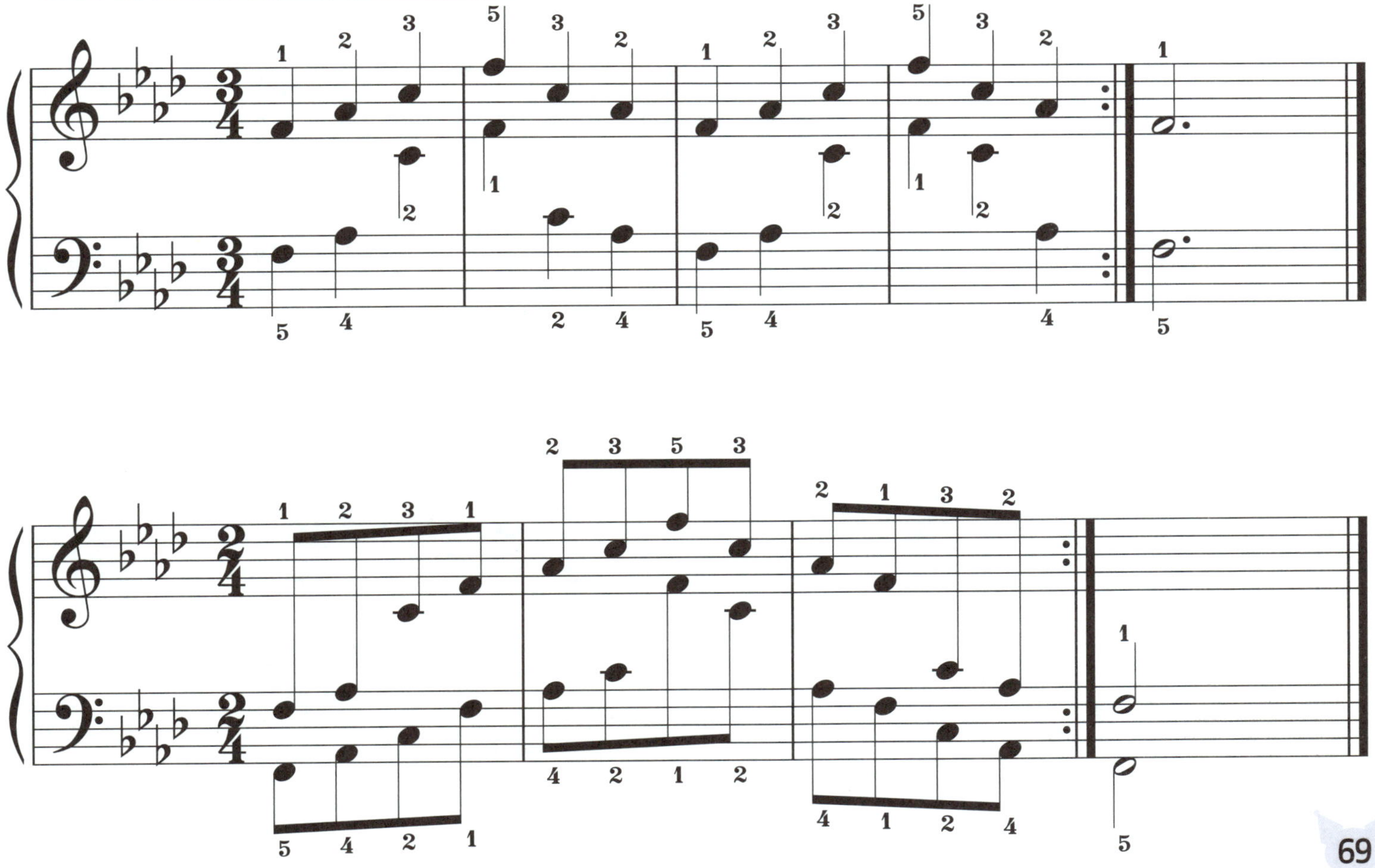

37 마장조(E Major)

마장조(E Major) 음계

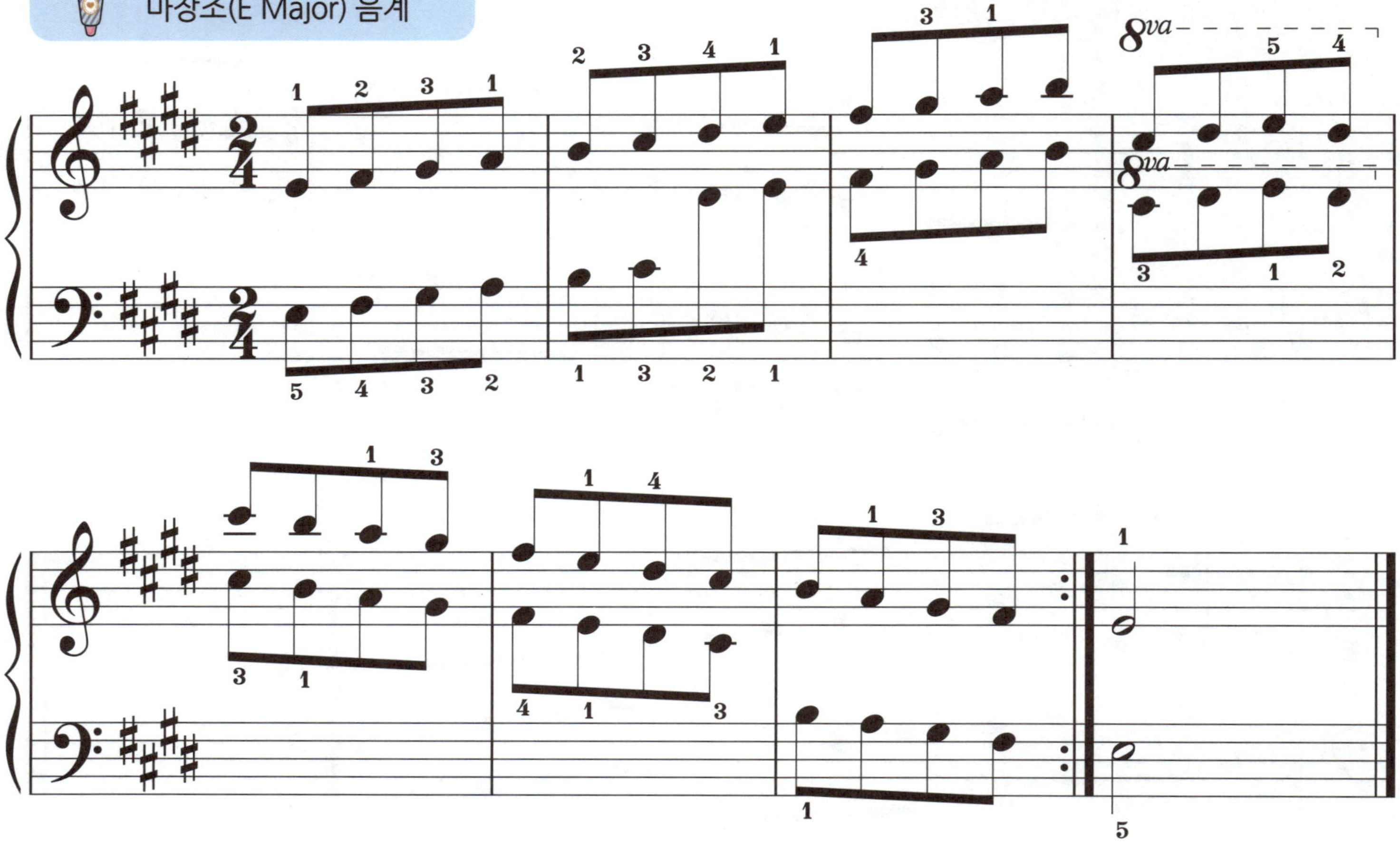

마장조(E Major) 아르페지오

38 올림다단조(c# minor)

올림다단조(c# minor) 가락 단음계

올림다단조(c# minor) 아르페지오

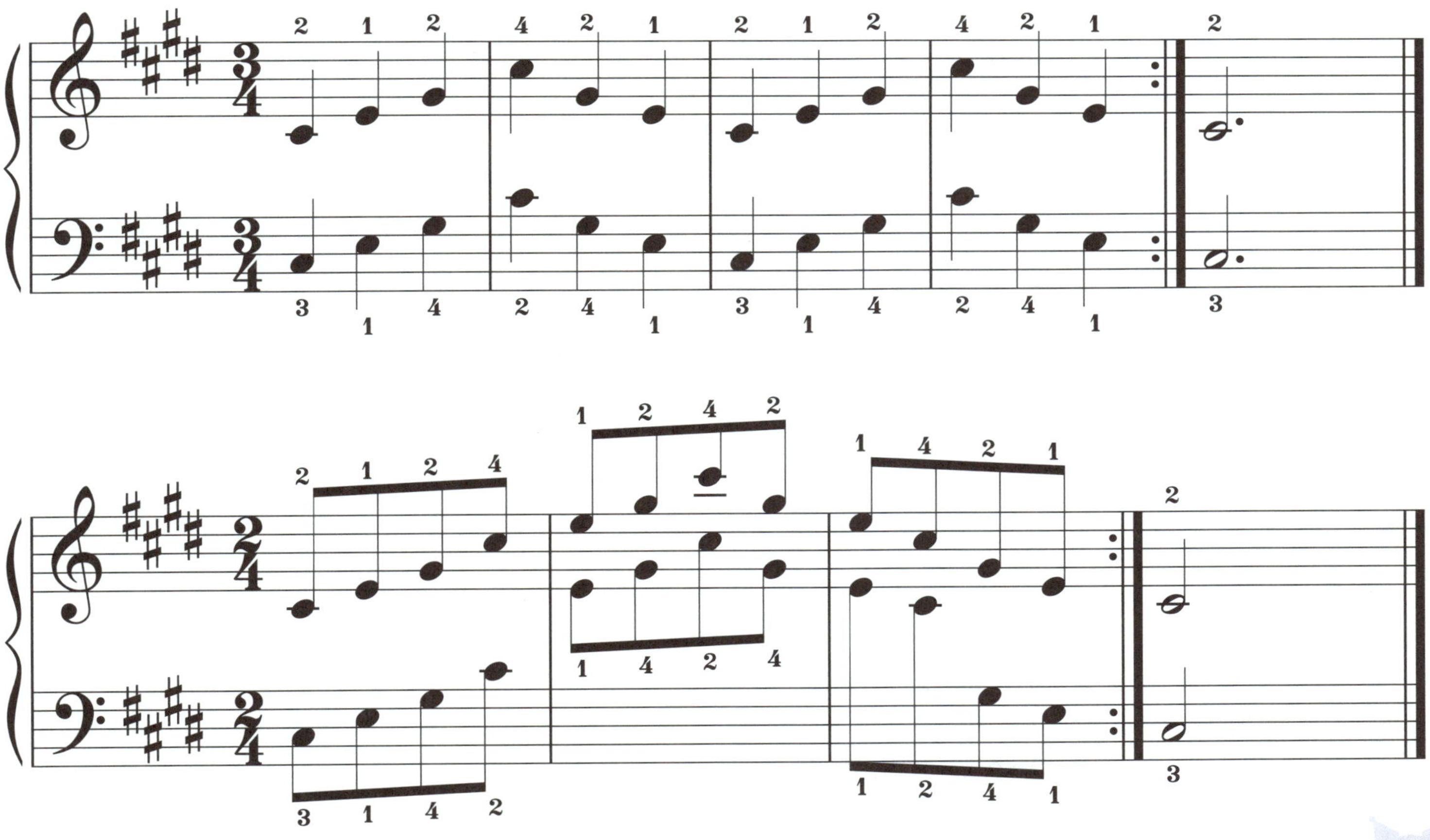

KUROMI
어린이 하농

발행일 2024년 5월 30일

편저 그래서음악연구소(somusic LAB.), 편집부 편
발행인 최우진
편집 김은주, 이슬기
디자인 박경미, 이재란

발행처 그래서음악(somusic)
출판등록 2020년 6월 11일 제 2020-000060호
주소 (본사)경기도 성남시 분당구 정자일로 177
(연구소)서울시 서초구 방배4동 1426
이메일 somusicu@naver.com

ISBN 979-11-93978-02-3 (93670)